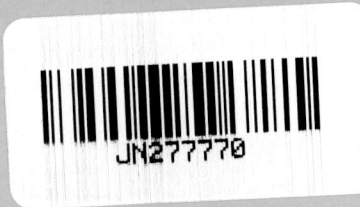

Shuwasystem Business Guide Book

ピーター・ドラッカーの「事業戦略論」がわかる本

ポケット図解

中野 明 著

秀和システム

はじめに

『ピーター・ドラッカーのマネジメント論がわかる本』の姉妹編である本書では、事業戦略に対するドラッカーの考えをとりまとめました。

ドラッカーの事業戦略論を知るには、著書『創造する経営者』『イノベーションと起業家精神』（共にダイヤモンド社）を理解するに越したことはありません。本書では、この両書の考えに基づいて、ドラッカーの事業戦略論について解説しています。

全体は7章構成になっており、第1章では、事業戦略に対するドラッカーの考えを理解するための基本的視点について記しました。その後、第2章〜4章は、『創造する経営者』を基に、事業戦略論の基本について解説しています。さらに、第5章〜7章では、『イノベーションと起業家精神』に基づいて、明日の新たな事業を構築するための戦略論についてまとめました。

また、姉妹編のマネジメント論同様、理解のしやすさを第1に、内容はできるだけ平易なものとしました。また、図解をふんだんに利用し、一見してわかるよう工夫しています。

なお、本文には、その個所で参照した原典名とそのページを明記しました。より詳しい内容を知りたい場合、こちらで該当個所を確認してください。

では、ドラッカーが論じる事業戦略論の世界を、徹底的にわかりやすく解説いたしましょう。

2006年4月　筆者記す

ドラッカーの
「事業戦略論」がわかる本

CONTENTS

第1章　ドラッカーと事業戦略……7

1-1　企業の存在理由とマネジメント……8
1-2　事業戦略とは何か……10
1-3　ドラッカーと事業戦略……12
1-4　『創造する経営者』の概要……14
1-5　『イノベーションと起業家精神』の概要……16
1-6　本書の立場と構成……18
コラム　顧客創造のための機能……20

第2章　利益とコストの分析……21

2-1　企業の3つの仕事と事業分析の基本視点……22
2-2　業績をもたらす3つの領域……24
2-3　スタートは製品分析から……26
2-4　製品別の利益貢献度の明確化……28
2-5　製品リーダーシップ分析……30
2-6　製品の分類とその分析……32
2-7　コスト管理の基本視点……34
2-8　コストセンターとコストポイント……36
2-9　コストの分類と対策……38
コラム　成果の90%は10%の原因から……40

第3章　マーケティングと知識の分析 ……41
3-1　マーケティング分析とは何か ……42
3-2　顧客、市場、用途を問う ……44
3-3　予期せざるものを探る ……46
3-4　事業成果の源泉としての知識 ……48
3-5　自社が得意とするもの ……50
3-6　事業分析のとりまとめ ……52
コラム　事業ドメイン ……54

第4章　機会に焦点を合わせる ……55
4-1　機会に焦点を合わせる3つの手法 ……56
4-2　理想企業を設定する ……58
4-3　機会の最大化 ……60
4-4　人材の配置を考える ……62
4-5　事業機会を発見する ……64
4-6　アンバランスを強みに変える ……66
4-7　脅威を機会に変える ……68
コラム　リスク志向と機会志向 ……70

第5章　イノベーションのための7つの機会 ……71
5-1　イノベーションの必要性 ……72
5-2　イノベーションを実現するために ……74
5-3　イノベーションの7つの機会 ……76
5-4　すでに起こった未来 ……78
5-5　予期せぬことの生起 ……80
5-6　ギャップの存在 ……82
5-7　ニーズの存在 ……84
5-8　産業構造の変化 ……86

5-9　人口構造の変化 ……88
5-10 認識の変化 ……90
5-11 新しい知識の出現 ……92
コラム　4度目の情報革命 ……94

第6章　イノベーション組織の推進 ……95

6-1　イノベーション型組織の実現 ……96
6-2　イノベーションの評価 ……98
6-3　イノベーション推進組織 ……100
6-4　公的社会機関とイノベーション ……102
6-5　ベンチャー企業とイノベーション ……104
6-6　成長に応じた戦略の重要性 ……106
コラム　構想の力 ……108

第7章　事業戦略の基本タイプと戦略計画 ……109

7-1　専門化戦略と多角化戦略 ……110
7-2　統合戦略 ……112
7-3　総力による攻撃戦略 ……114
7-4　弱みへの攻撃戦略 ……116
7-5　ニッチの占拠戦略 ……118
7-6　価値創造戦略 ……120
7-7　戦略計画への落とし込み ……122
7-8　戦略がうまくいかないとき ……124

参考文献 ……126
索引 ……127

第1章

ドラッカーと事業戦略

1.ドラッカーと事業戦略

事業の現状分析

2. 利益とコストの分析

- 利益分析
- コスト分析

3. マーケティングと知識の分析

- マーケティング分析
- 知識分析

事業機会の探索

4. 機会に焦点を合わせる

- 機会に焦点を合わせる3つの手法
- 事業機会を発見する

5. イノベーションのための7つの機会

- イノベーションの必要性
- イノベーションのための7つの機会

イノベーション組織と事業戦略

6. イノベーション組織の推進

- イノベーション型組織
- 社会機関、ベンチャーのイノベーション

7. 事業戦略の基本タイプと戦略計画

- 専門化、多角化、統合
- 4つのイノベーション戦略
- 戦略計画の策定

1-1 企業の存在理由とマネジメント

本章では、ドラッカーのマネジメント論と、マネジメント論の中における事業戦略の位置付けについて検討します。まずは、ドラッカーのマネジメント論の核心について触れておきたいと思います。

1 企業の目的

あらゆる組織は社会の機関です。そして社会の機関である以上、社会やコミュニティ、個人のニーズを満足させるために存在します。

一方、企業も組織の一形態ですから、社会の機関の一員です。つまり企業も、社会やコミュニティ、個人のニーズを満足させるために存在することになります。よって、企業の目的は、顧客のニーズを満足させ続けること、一口で言うと**顧客の創造**が、唯一の目的になります。

2 企業とマネジメント

「顧客の創造」という企業の目的を達成させるための機能、これが**マネジメント**です。ドラッカーの言葉を借りると、「組織（企業）をして成果を上げさせるための道具、機能、機関[1]」ということになります。

つまり、企業のマネジメントは、企業に成果を上げさせる、すなわち社会やコミュニティ、顧客のニーズを満足させ続けるために機能するのです。

このように、企業の目的は、顧客の創造であり、この企業の目的を実りあるものにするのが、**マネジメントの使命**です。

1 『明日を支配するもの』45ページ。

企業の目的とマネジメントの役割

あらゆる組織は社会の機関である

↓

社会の機関である以上、社会やコミュニティ、個人のニーズを満足させるために存在する

↓

企業も社会の機関である

↓

企業は社会やコミュニティ、個人のニーズを満足させるために存在する

企業の目的＝顧客の創造

↓

**企業の目的を実りあるものにするもの
それがドラッカーのいうマネジメント**

1-2 事業戦略とは何か

企業が成果を上げるには、自社の事業について分析診断し、あるべき姿を考え、方向付けを行う、という一連の活動が欠かせません。これによって明らかになった事業戦略に従って組織は動きます。

1 成果を上げるためには

企業が成果を上げるためには、自社の事業について理解し、診断し、方向付けすることが必要です。すなわち、

① 事業についての分析と診断

② 事業のあるべき姿の明確化

③ あるべき姿への移行策の立案

という一連の活動が欠かせません[2]。

『創造する経営者』の中では、明確に定義されていませんが、こうした一連の作業が**事業戦略の策定**です。そして、この作業によって得られた結果を**事業戦略**と解釈してもよいでしょう。

2 事業戦略とマネジメント

このように、事業戦略は、企業がその事業を推進する上での進むべき道を示します。当然のことながら、この方向付けが間違っていれば、企業の目的である「顧客の創造」は達成できません。

前節で、マネジメントとは、「組織をして成果を上げさせるための道具、機能、機関」と述べました。このことから、事業戦略の策定は、マネジメントが遂行すべき課題の1つであり、しかも、企業の将来を占う極めて重要な任務であることがわかると思います。

2 『創造する経営者』182ページ。

one point 戦略と戦術

戦略は進むべき方向を示したものです。一方、戦術とは、戦略で定めた方向へ進むのにどういう手段を用いるのかを明らかにしたものといえます。

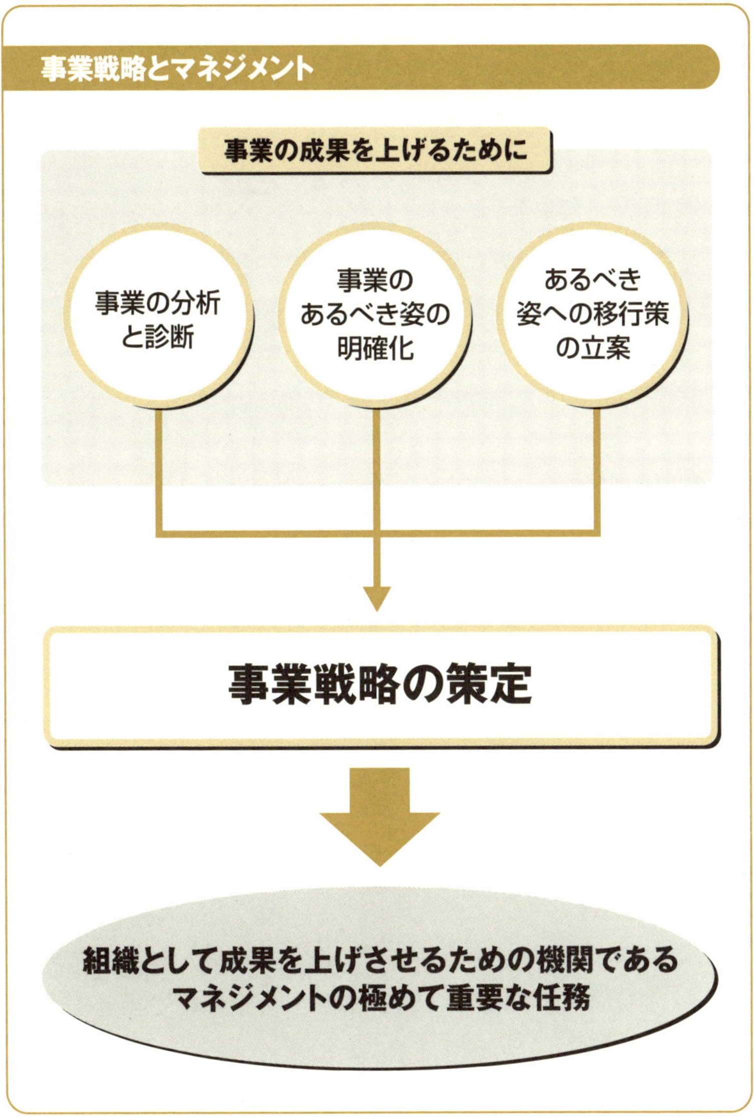

1-3 ドラッカーと事業戦略

ドラッカーが事業戦略の立案に対してどのような立場をとっていたのか。この問いに答えることが本書のテーマです。そのためには、まず、ドラッカーが著した事業戦略関係の著作にあたるのが先決です。

1 事業戦略に対するドラッカーの考え

前節では、事業戦略の定義、位置付けについて触れました。では、このような事業戦略に対して、ドラッカー自身は、どのような考えを持っていたのでしょうか。それを知るためには、ドラッカーが事業戦略をテーマにした著書を紹介すべきでしょう。

2 創造する経営者、イノベーションと起業家精神

ドラッカーは、生涯に35冊以上もの著作を発表しています。ドラッカー自身によると、著作のジャンルは①経営と組織、②社会と経済、③政治倫理の3つに分類できると述べています[3]。

ドラッカーの著作としては、マネジメント論を扱った『マネジメント』や『現代の経営』が有名でしょう。

一方、事業戦略そのものにテーマを絞った著作も出版されています。『**創造する経営者**』（1964年）がそれです。また、企業のイノベーションに焦点を絞った事業戦略について記した『**イノベーションと起業家精神**』（1985年）も、ドラッカーの事業戦略論を知る上で欠かせません。

以下、両著書の中身について、もう少し詳しく触れておくことにしましょう。

3 『ドラッカー20世紀を生きて』2ページ。

ドラッカーの著作

私の著作のジャンルは

①経営と組織、②社会と経済、③政治倫理の3つである

1

経済と組織

- 『現代の経営』
- 『マネジメント――課題、責任、実践』
- 『経営者の条件』
- 『創造する経営者』
- 『イノベーションと起業家精神』

→ **事業戦略を扱った代表作**（『創造する経営者』『イノベーションと起業家精神』）

etc…

2

社会と経済

- 『ポスト資本主義社会』
- 『ネクスト・ソサエティ』

etc…

3

政治倫理

- 『経済人の終わり』
- 『断絶の時代』

etc…

1-4 『創造する経営者』の概要

『創造する経営者』(1964年)は、事業戦略を中心テーマにして書かれました。『現代の経営』『経営者の条件』と併せて、ドラッカー経営書の3大古典とも呼ばれています。

1 世界最初の事業戦略本

ドラッカーはこの『創造する経営者』について、事業戦略を総括的に扱った世界で最初に書かれた本だと指摘しています。

ドラッカーは、当初この著書を「事業戦略」というタイトルにしようとしましたが、「戦略」が軍事用語の1つだったことから、周囲から使用しないことをすすめられたといいます。結果、現在の「Managing for Results(成果を上げる経営)」になったそうです(One Point参照)。逸話はともかく、おそらくこの本は、ドラッカーの事業戦略論を知るための、最良の1冊といえるでしょう。

2 分析手法、機会の探求、業績向上策

同書は、「事業の何たるかを理解する」「機会に焦点を合わせる」「事業の業績を上げる」の3部構成になっています。

第1部は事業戦略策定のための環境分析として「製品」「市場」「流通チャネル」の重要性を説きます。そして、「製品」を取り上げて具体的な分析手法について解説します。

第2部では、企業にとっての本業を「今日の事業」「潜在的な機会の発見」「明日のための新しい事業」と設定した上で、それぞれについての機会の探求手法について解説しています。そして最後の第3部では、業績向上の意思決定や個別戦略について言及しています。

one point 「Managing for Results」のタイトルの由来

「Managing for Results（成果を上げる経営）」に事業戦略の名を付けなかった経緯は、『イノベーションと起業家精神（下）』の102ページに詳しく書かれています。

『創造する経営者』の特徴と構造

特徴

- 1964年作
- 「事業戦略」を総合的に扱った世界最初の本
- 『現代の経営』『経営者の条件』と共に、ドラッカー経営書の3大古典と呼ばれる

構造

Ⅰ．事業の何たるかを理解する

①企業の現実
②業績をもたらすもの
③利益、資源、見直し
④製品の分析
⑤コストセンターとコスト構造
⑥顧客こそ事業である
⑦知識が事業である
⑧これがわが社の事業である

事業の分析手法についての考察

Ⅱ．機会に焦点を合わせる

⑨強みを基礎とする
⑩事業機会の発見
⑪未来を今日築く

事業機会を探索する方法

Ⅲ．事業の業績を上げる

⑫意思決定
⑬経営戦略
⑭業績を上げる
㊎コミットメント

戦略に不可欠な要素

1-5 『イノベーションと起業家精神』の概要

前節で見た『創造する経営者』が発表されてから約20年経って出版されたのが、こちらの『イノベーションと起業家精神』です。この本もドラッカーの事業戦略論を知る上で欠かせない1冊です。

1 イノベーションと事業戦略がテーマ

1-1節で見たように、企業の目的は顧客の創造です。そして、企業が顧客創造という目的を達成しようとすると、マーケティングとイノベーション、この2つだけが企業の基本機能になると、ドラッカーは言います（20ページコラム参照）。

前節で見た『創造する経営者』は、事業戦略を総括的に扱っています。したがって、マーケティングとイノベーション、双方が視野に入っています。

一方、『イノベーションと起業家精神』の中心テーマは、企業の基本機能の片方であるイノベーションです。そして、イノベーションに焦点を合わせた事業戦略のあり方について説いています。

2 ドラッカーの具体的事業戦略論を知る

『イノベーションと起業家精神』は上下巻の分冊になっています（新訳版）。全体は「イノベーションの方法」「起業家精神のためのマネジメント」「起業家戦略」の3部構成です。

第1部は、イノベーションを探求するための方法、第2部は、起業家精神あふれる組織の作り方、第3部は、具体的にイノベーションを成功させるための戦略について説きます。特に第3部は、ドラッカーが考える具体的な事業戦略論が記されています。

『イノベーションと起業家精神』の特徴と構造

特徴

- 1985年作
- イノベーションに焦点を絞った事業戦略論を展開
- ドラッカーの事業戦略論を知る上で、欠かせない1冊である

構造

Ⅰ．イノベーションの方法

①イノベーションと起業家精神
②イノベーションのための7つの機会
③～⑨7つの機会の解説
⑩アイデアによるイノベーション
⑪イノベーションの原理

イノベーションを実現するための7つの機会を解説

Ⅱ．起業家精神のためのマネジメント

⑫起業家としてのマネジメント
⑬既存企業における起業家精神
⑭社会的機関における起業家精神
⑮ベンチャー・ビジネスのマネジメント

イノベーションのためのマネジメントのあり方を解説

Ⅲ．起業家戦略

⑯総力による攻撃
⑰弱みへの攻撃
⑱ニッチの占拠
⑲価値の創造
㊇起業家社会

典型的なイノベーション実現のための戦略を解説

1-6 本書の立場と構成

『創造する経営者』と『イノベーションと起業家精神』を理解すれば、ドラッカーの事業戦略論に関する基本を理解できるでしょう。本書では以下、両著書をベースに、その詳細について解説します。

1 ドラッカーの事業戦略論を理解するために

ドラッカーが提唱する事業戦略論を把握するには、『創造する経営者』と『イノベーションと起業家精神』を理解することが一番だと筆者は考えます。

そこで本書では、両書の考えに基づいて、ドラッカーの事業戦略論を解説します。特に、事業戦略論の基本については『創造する経営者』を、また、イノベーションに関する事業戦略に関しては『イノベーションと起業家精神』を中心に、その核心に迫ります。

2 まずはキーチャートを頭にたたき込め

右図は、本書の構成を示したキーチャートです。全体は4つのパートで構成しました。最上段のボックスは、ドラッカーの事業戦略を理解するにあたっての準備段階に相当する個所で、いま皆さんが読まれているパートがこれにあたります。

その後、事業戦略を策定する上で欠かせない、事業の現状分析について解説します。さらに、事業戦略を具体的に展開する上での機会について検討し、最後に具体的な事業戦略について触れました。

なお、「はじめに」で記したように、本文には、その個所で参照した原典名とそのページを明記しました。内容をより詳しく把握してもらうためにも、こちらで該当個所を確認してください。

本書を理解するためのキーチャート

1.ドラッカーと事業戦略

↓

事業の現状分析

2. 利益とコストの分析

- 利益分析
- コスト分析

3. マーケティングと知識の分析

- マーケティング分析
- 知識分析

↓

事業機会の探索

4. 機会に焦点を合わせる

- 機会に焦点を合わせる3つの手法
- 事業機会を発見する

5. イノベーションのための7つの機会

- イノベーションの必要性
- イノベーションのための7つの機会

↓

イノベーション組織と事業戦略

6. イノベーション組織の推進

- イノベーション型組織
- 社会機関、ベンチャーのイノベーション

7. 事業戦略の基本タイプと戦略計画

- 専門化、多角化、統合
- 4つのイノベーション戦略
- 戦略計画の策定

Column コラム 顧客創造のための機能

ドラッカーは、事業の目的を「**顧客の創造**」と定義しました。この定義は、ドラッカーのマネジメント論の決定版である『マネジメント——課題・責任・実践』などに見られます。

一方、同書では、企業がもつ顧客創造のための機能は2つしかないと言います。それが**マーケティング**と**イノベーション**です[4]。

マーケティングとは、顧客のニーズを探り、顧客が満足を得られる価値を提供する行為です。企業が顧客を創造していく上で、なくてはならない機能です。

一方でイノベーションとは、顧客のニーズに対応するだけでなく、自ら顧客の新しい満足を創り出していく活動といえます。

マーケティングとイノベーションはあたかも自動車の両輪のように機能します。マーケティングなくして、今日における企業の事業に成果を上げさせることはできません。また、イノベーションなくして、企業の未来は約束されません。

そして、この自動車のハンドルを握るのが企業のマネジメントであり、さらに自動車が進むべき方向を示すのが、事業戦略なのです。

●進むべき方向を示す事業戦略

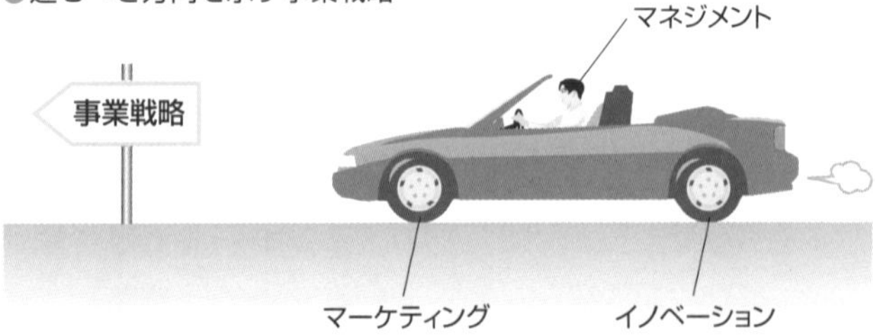

4 『マネジメント——課題・責任・実践(上)』95ページ。

第2章

利益とコストの分析

1.ドラッカーと事業戦略

事業の現状分析

2. 利益とコストの分析

- 利益分析
- コスト分析

3. マーケティングと知識の分析

- マーケティング分析
- 知識分析

事業機会の探索

4. 機会に焦点を合わせる

- 機会に焦点を合わせる3つの手法
- 事業機会を発見する

5. イノベーションのための7つの機会

- イノベーションの必要性
- イノベーションのための7つの機会

イノベーション組織と事業戦略

6. イノベーション組織の推進

- イノベーション型組織
- 社会機関、ベンチャーのイノベーション

7. 事業戦略の基本タイプと戦略計画

- 専門化、多角化、統合
- 4つのイノベーション戦略
- 戦略計画の策定

2-1 企業の3つの仕事と事業分析の基本視点

事業戦略を立案するには、企業が置かれている現状について正しく認識する必要があります。本章では、企業の現状分析、中でも製品分析とコスト分析を中心に、ドラッカーの考えを紹介したいと思います。

1 事業分析の基本スタンス

企業の仕事には、3種類あるとドラッカーは言います。

① **今日の事業の業績を上げる仕事**

② **潜在的な機会を発見し実現する仕事**

③ **明日のための新しい事業を開発する仕事**

これら3つの仕事は時間の尺度で分類されています。すなわち、①短期的視野の仕事、②中期的視野の仕事、そして③長期的視野の仕事です。短期的仕事のみに目を向けていては将来の発展はないでしょうし、長期的視野ばかりを重視していたら足下をすくわれます。よって企業では、これらを同時に実行していくことが欠かせません。

2 書籍の構造と3つの仕事

『創造する経営者』では、上記に見た企業の3つの仕事について、いかなる考えに立脚して進めるべきか、すなわちどのような事業戦略を立てて望むかが、順に解説されています（One Point参照）。

また、これら3つの視点で事業を観察する場合、ただ漫然とながめていても仕方がありません。右ページのような仮説を念頭に、事業を観察することが必要だと、ドラッカーは言います。

以下、長中短期に関する、ドラッカーの事業戦略論について解説したいと思います。

one point **企業の3つの仕事と原典本文構成の関係**

『創造する経営者』の第1章〜8章が①の短期的視野、第9章〜10章が②の中期的視野、そして第11章が③の長期的視野に関連する内容になっています。残りの第12章〜14章は、①〜③の全体にかかるものと位置付けられるでしょう。

なお、『イノベーションと起業家精神』は、主に③の長期的視野を扱ったものといえます。

Reference Guide 『創造する経営者』10〜25ページ。

企業の3つの仕事と分析のための仮説

企業の3つの仕事

1. 今日の事業の業績を上げる仕事
2. 潜在的な機会を発見し実現する仕事
3. 明日のための新しい仕事を開発する仕事

以下の仮説を前提に分析する

①成果や資源は企業の内部にはない。いずれも企業の外部にある

②成果は問題の解決ではなく、機会の開拓によって得られる

③問題にではなく機会に資源を投じなければならない

④成果は単なる有能さではなく、市場におけるリーダーシップによってもたらされる

⑤いかなるリーダーシップも、うつろいやすく短命である

⑥既存のものは、古くなる

⑦既存のものは、資源を誤って配分されている

⑧業績の鍵は集中である

2-2 業績をもたらす3つの領域

企業の3つの仕事のうち、①今日行っている事業で業績を上げるには、「製品」「市場」「流通チャネル」の分析が欠かせません。ドラッカーはこの3点セットを「業績をもたらす3つの領域」と呼びます。

1 事業の分析は、業績を上げる領域の分析から

顧客は製品に対してお金を支払います。そのため、今日の事業で業績を上げるには、**製品**が最も重要な要因になります。

しかし、製品には**市場**が必要です。また、製品を顧客に届ける**流通チャネル**もなくてはなりません。製品は企業で思いどおりにコントロールできるのに対して、市場や流通チャネルは企業の思いどおりには動きません。そういう意味で、市場や流通チャネルが、製品よりも重要な場合もあります。よって、今日の事業の業績を上げるには、「製品」に加え、「市場」と「流通チャネル」の分析も欠かせません。

2 業績をもたらす領域としての市場と流通チャネルに要注意

ドラッカーは、「製品」「市場」「流通チャネル」を、**業績をもたらす3つの領域**と呼びます。そして、企業に共通して見られる業績不振の原因は、この3つの領域の不適合だと指摘します。不適切な市場で製品を購入する顧客はいないでしょうし、また、不適切な流通チャネルに製品を乗せても、顧客のいる市場には届きません。

したがって、事業の業績を上げるには、「製品」「市場」「流通チャネル」という業績をもたらす3つの領域の分析を通して、製品に適合した市場や流通チャネルを見付けたり、市場や流通チャネルに合わせて製品を開発したりすることが欠かせないのです。

one point **メーカーにとっての2種類の顧客**

流通チャネルをおろそかにすると製品が顧客に届きません。メーカーにとって、流通チャネルと顧客（エンド・ユーザー）は、どちらも顧客、2種類の顧客として扱うべきです。

Reference Guide 『創造する経営者』26〜40ページ。

業績をもたらす「製品」「市場」「流通チャネル」

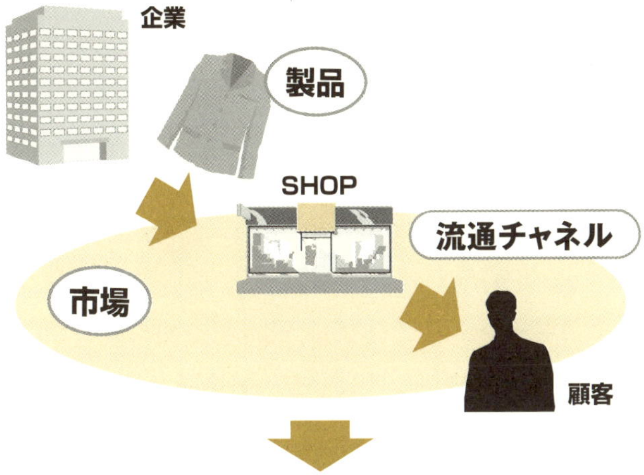

事業の業績をもたらすのは
「製品」「市場」「流通チャネル」
の3領域である

2-3 スタートは製品分析から

事業の分析は、業績をもたらす3つの領域の分析から始めます。中でも、「製品」がその出発地点になります。分析にあたっては、2-1節で掲げた仮説を念頭に実行します。

1 製品分析の3つの視点

事業分析は、業績をもたらす3つの領域の中の「製品」から始めます。自社の製品を分析する手法として、ドラッカーは次の4つを掲げています。

第1に**利益貢献（寄与）分析**です。これは、個々の製品が事業の利益に対してどの程度貢献しているのかを見るものです。これにより、売上ではなく真に利益に貢献している製品がわかります。次に**製品リーダーシップ分析**を行います。これは、自社の製品が市場においてどのようなポジションにあるのかを分析するものです。「成果は単なる有能さではなく、市場におけるリーダーシップによってもたらされる」という仮説を思い出してください（2-1節参照）。リーダーシップ分析は、これを明らかにする作業にほかなりません。さらに**製品分類分析**を行います。これは製品を分類して、その特徴と今後の処方箋を明らかにする活動です。最後に、**資源配分分析**も重要です。これは、個々の製品に、企業の資源がどのように配分されているか確認するものです。

以下、上記の手法について、より詳しく解説することにしましょう。

なお、ドラッカーは、製品分析と同様の手法を、市場や流通チャネルにも適用できるとしています。そのため、市場と流通チャネルに関する分析は、製品分析の手法に倣って実施することになります。

one point **分析のスタート地点**

分析のスタートは製品からが原則です。ただし、例外もあるとドラッカーは言います。大規模な小売店は顧客の分析から、大企業は事業単位の分析から始めることもできます。とはいえ、いずれの場合も、その後は製品、市場、流通チャネルの分析を必ず実行するようにします。

Reference Guide 『創造する経営者』30〜33ページ。

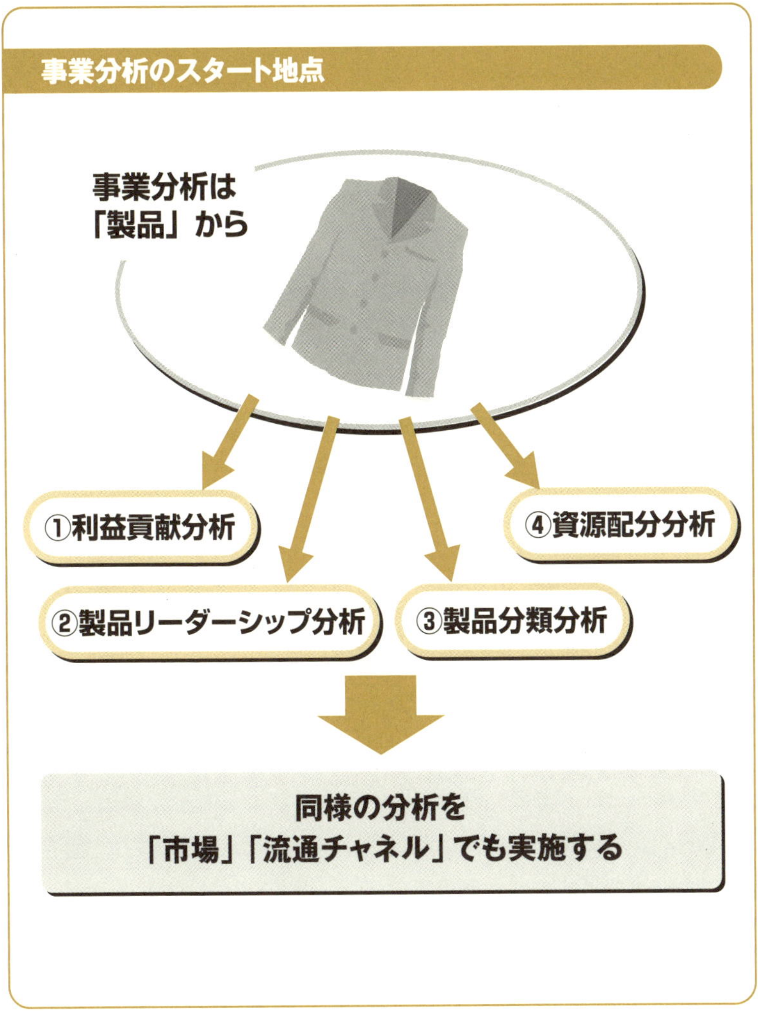
事業分析のスタート地点
事業分析は
「製品」から
①利益貢献分析
②製品リーダーシップ分析
③製品分類分析
④資源配分分析
同様の分析を
「市場」「流通チャネル」でも実施する

2-4 製品別の利益貢献度の明確化

製品の分析では、まず、特定の製品が業績に対してどの程度寄与しているのかを明らかにします。ドラッカーは、コスト分析を通して、製品の利益貢献度を算出する方法を提示しています。

1 製品ごとの貢献度を分析する

企業の利益に対して、特定の製品がどの程度寄与しているのか、この点を明らかにすることが、製品分析の第一歩になります。

個別製品の利益寄与率を特定するには、次の方法を用います。

まず、総売上高から原材料費を引いた①**総純売上高**を求めます。次に、①から固定費を引いた②**総売上総利益**を算出します。さらに、①に占める製品ごとの総売上高の割合を②に掛け算して③**製品別売上総利益**を求めます。続いて、**総コスト**から原材料費と固定費を引き算し、全体の作業量（One Point参照）に占める個々の製品の作業量の割合を掛け算します。これが④**製品別配分コスト**です。

2 製品別純利益寄与係数の算出

続いて③から④を引いて⑤**製品別純利益**を求めます。これで、全製品別純利益に占める、各製品の⑤の割合（**製品別純利益割合**）がわかります。これは、利益に対する各製品の貢献度を表します。

さらに、③が100万ドル当たりにおける④の割合を算出します。これが⑥**製品別純利益寄与係数**です。これは、③の増減が、製品別純利益割合の増減に与える効果を示す指数です。いずれの製品の売上に力を入れれば、業績全体に好影響を及ぼすかを示す、近似的数値です。以上を用いて製品別の利益への寄与を調べます。

one point **作業量の算出方法**

ドラッカーは作業量の単位を、製品に関する「送り状の数」や「出荷の件数」から割り出せるとしています。これから、すべての作業量に占める、個々の製品の作業量を算出するわけです。

Reference Guide 『創造する経営者』41～57ページ。

製品別利益貢献度を算出する

1 総純売上高
総売上高から「原材料費」を引いたもの。

2 総売上総利益
①総純売上高から「固定費」を引いたもの。

3 製品別売上総利益
①総純売上高に占める製品ごとの純売上高の割合を②総売上総利益に掛け算したもの。

4 製品別配分コスト
「総コスト」から原材料費と固定費を引き算し、全体の作業量に占める個々の製品の作業量の割合を掛け算したもの。

5 製品別純利益
③製品別売上総利益から④製品別配分コストを引いたもの。これにより、全製品別純利益に占める、各製品の⑤製品別純利益の割合（製品別純利益割合）がわかる。

6 製品別純利益寄与係数
③製品別売上総利益が100万ドル当たりにおける④製品別配分コストの割合を算出したもの。
③製品別売上総利益の増減が、製品別純利益割合の増減に与える効果を示す指数。

↓

製品別の利益貢献度を明らかにする

2-5 製品リーダーシップ分析

次に市場での製品のポジションを明らかにします。これは、**製品リーダーシップ分析**と呼ばれるものです。これにより、顧客にとってその製品がどのような位置付けにあるのかが明らかになります。

1 製品リーダーシップ分析の具体的な方法

2-1節の仮説で、成果は単なる有能さではなく、市場におけるリーダーシップによってもたらされる、という項目がありました。この仮説を真だと受け入れると、自社の製品のいずれが製品リーダーシップを持つのか（あるいは持たないのか）を明らかにすることは、大変重要な意味を持ちます。

2 分析の基本手法

一般的に製品の市場でのポジションを知るには、**市場シェア**を用います。しかし、ドラッカーは、分析基準に市場シェアを用いることに否定的です。シェアが最大でも、競争相手より利益率の低いケースがよくあるからです。

それに代わってドラッカーは、「価格や信頼性が市場におけるリーダーシップを形成する」とした上で、次のような問いに答えることが**製品リーダーシップ**を知るのに必要だとします。すなわち、「この製品は、他の製品に優先して、あるいは同程度に求められ購入されているか」「顧客からの代価として、最小限必要な利益を得ているか」などについてです。また、製品のリーダーシップ上のポジションを明らかにすると共に、「趨勢」と「見通し」についても明確にします。そして、総合的見地から、製品のポジションを明らかにします。

Reference Guide 『創造する経営者』57～67ページ。

製品リーダーシップ分析の質問事項

前提

価格や信頼性が市場におけるリーダーシップを形成する

↓

この製品は、他の製品に優先して、あるいは同程度に求められ購入されているか

顧客からの代価として、最小限必要な利益を得ているか

製品の特性に見合う代価を受けているか

顧客に購入させるには、特別のアフターサービスが必要か

われわれが知らないリーダーシップ特性があるか

↓

製品リーダーシップのポジションに加え趨勢、見通しまでを明らかにする

2-6 製品の分類とその分析

続いて、製品分類を明らかにします。ドラッカーは、便宜上11種類の製品分類を掲げています。そして、自社の製品がいずれのカテゴリーに属するかを分析します。

1 製品分類の基準

右ページに示したものが、ドラッカーの掲げる**製品分類**です。全部で11種類あるこれらの製品タイプには、それぞれ特徴および企業が対策としてとるべき原則があります。そのため、自社の製品がいずれの分類に属するかを分析することで、講じるべき処方が明らかになるのです。

ちなみに、右ページの①～⑤は診断や処方が簡単な扱いやすい商品群、一方⑥～⑪は対応に配慮すべき問題となる商品群です。

2 製品の類型変化をとらえる

製品分類と同時に注意すべきなのが、製品の**類型変化**を捉える、ということです。特に、「衰退へ向かっての変化」「明日の主力製品から今日の主力製品への変化、昨日の主力製品の変化」などには要注意です。こうした変化を早期にキャッチするために、ドラッカーは次のような点に注意するよう指摘しています。

まず、予期したものと違う結果が出るようになったら、**類型変化**の兆候を疑うべきです。また、投資に対して見返りが減った場合、あるいは投資は増えているのに見返りが減り出した場合、製品が衰退に向かったと考えるべきです。ちなみに、投資量と産出量を比較分析することを**増分分析**と呼びます。

one point **資源配分分析**

知識や資金など基幹的な資源の配分についての分析です。知識については、マネジメント、技術、営業、アフターサービスなど、また資金については運転資金（棚卸資産と売掛金の合計）、販促費などの配分について分析します。

Reference Guide 『創造する経営者』67〜96ページ。

製品分類と類型変化の理解

11種類の製品カテゴリー

診断・処方とも簡単なもの

1. 今日の主力製品（現在の主力になっているもの）
2. 明日の主力製品（明日の主力になるもの）
3. 生産的特殊製品（限定された特殊な市場を持つ製品）
4. 開発製品（開発中、市場に導入中のもの）
5. 失敗製品（明らかに失敗しているもの）

問題となるもの

6. 昨日の主力製品（すでにピークを過ぎた製品）
7. 手直し製品（手直しすれば利益と成長が期待できる製品）
8. 仮の特殊製品（主力になるかもしれないのに、特殊製品として扱っているもの）
9. 非生産的特殊製品（無意味な差別化を行っているもの）
10. 独善的製品（明日は成功すると信じられているが、その明日が来ないもの）
11. シンデレラ製品、睡眠製品（チャンスがあればうまくいくかもしれないもの）

↓

類型変化に目を光らせておくことが重要！

2-7 コスト管理の基本視点

業績をもたらす3つの領域を分析したら、次にコストのあり方について分析します。コスト分析も成果を上げる事業を考えるための包括的なプログラムの1つです。

1 コスト管理に対する基本的な考え方

業績を上げるためにコストを削減するのは大切です。ただし利益のないコスト削減が不毛であることは言うまでもありません。

この点についてドラッカーは、「**機会の最大限の開拓**こそ、コスト当たりの業績比を上げ、コスト管理と低コストを実現する王道である」「機会の最大限の開拓が中心。他のあらゆるコスト管理が、付加的な要素である」と断言しています。

つまり、業績を上げるための機会の探求（第4、5章参照）があってはじめて、コスト管理も意味あるものになります。まず、ドラッカーがこのような立場でコスト管理を見ている点に留意してください。

2 コスト管理の原則

コスト管理で効果を上げるには、第一に、最も大きなコストに集中して改善を図るということです。また、コストの種類によって管理することも大事です。

そして、コスト削減の最も効果的な方法は、活動そのものをやめてしまうことが最善と心得ましょう。加えて、事業の全体、全経済活動（いわゆる**サプライチェーン**）を視野に入れることも大切です。このようなコスト管理を実行するには、前提としてのコスト分析が欠かせません。

Reference Guide 『創造する経営者』97〜103ページ。

コスト管理の大前提

機会の開拓で利益を上げることこそ
最善のコスト管理である!

上記を前提

コスト管理の原則

1. 最大限のコストに集中しなければならない
2. コストは、その種類によって管理しなければならない
3. コスト削減の最も効果的な方法は、活動そのものをやめてしまうこと
4. 事業の全体を視野に入れる
5. 全経済活動を対象にする（サプライ・チェーン全体を視野に入れる）

2-8 コストセンターとコストポイント

絶対額の大きなコストを生む機能や活動をコストセンター、また、コストセンターの中で大きなコストを発生させている要因をコストポイントと呼びます。コスト分析では、これらをまず分析します。

1 コストセンターの種類

コスト分析では、コストセンターとコストポイントを明確にして企業のコスト構造を明らかにします。

コストセンターとは、事業活動の中で大きなコストが発生している個所を指します。コストセンターの主な種類としては、「輸送費」「営業費および販促費」「資金費」「生産費」などがあります。そして、消費者の総支出（その製品に支払われる代価）を100として、個々のコストセンターが総支出に占める割合を算出すると、全体に占める個々のコストセンターのポジションが明らかになります。

2 コストポイントの洗い出し

次にコストポイントの洗い出しを行います。これは、コストセンターの中で、大きなコストを発生させている活動のことです。

まず、コストセンターごとにコストポイントを洗い出します。次に、コストセンター内のコスト、および最終価格に占める個々のコストポイントの割合、それぞれを計算します。

以上により、企業のコスト構造が明らかになります。そして、コスト全体の大部分を占めるコストポイントを明らかにします。このようなコストポイントを改善することで、全体コストの大幅な削減を見込めます。

Reference Guide 『創造する経営者』103～116ページ。

コストセンターとコストポイント

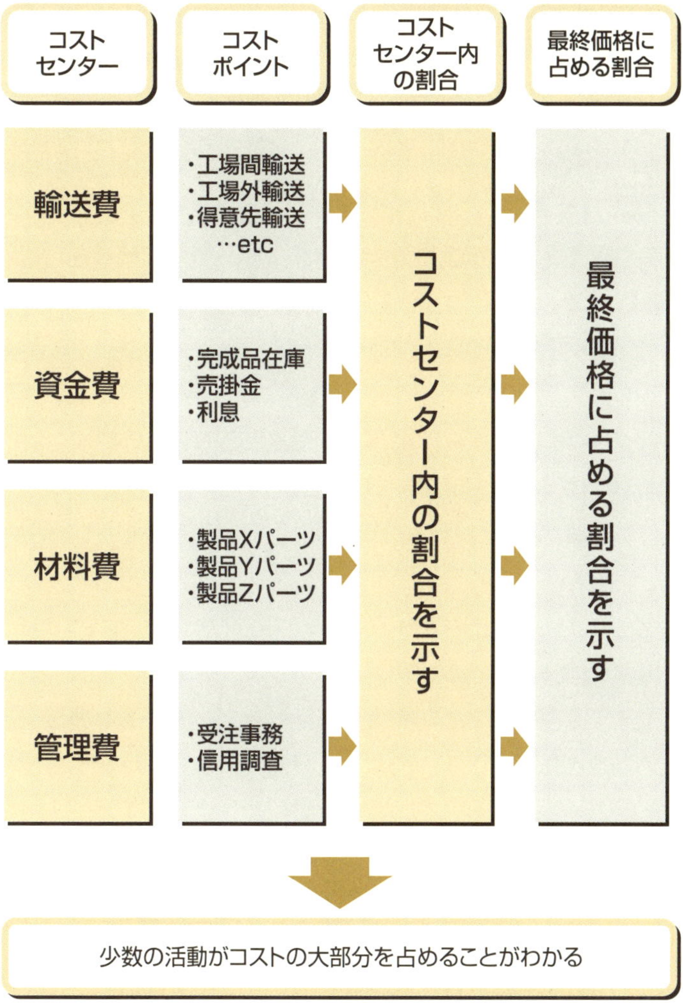

2-9 コストの分類と対策

コストには、①生産的コスト、②補助的コスト、③監視的コスト、④浪費的コストの4種類があります。企業のコストをこれらに分類し、種類に応じた対処法を講じます。

1 コストの4分類

① 生産的コスト

生産や販売促進、知識や資金、営業など、製品に価値を付けるのに必要なコストです。生産的コストは、**機会の最大限の開拓**（2-7節参照）に供されるコストにほかなりません。したがって、生産的コストはコストとして管理するのではなく、生産性（コストが効果的に用いられているか）によって管理されるべきものです。

② 補助的コスト

輸送や人事、経理など、経済価値は生み出しませんが、活動に必要なコストです。これらについては、廃止したらどうなるかを検討し、問題なければ廃止します。

③ 監視的コスト

仕入先や流通チャネルを調査する活動など、将来的な脅威を回避するための活動費用です。こうしたタイプのコストは、やめた場合の損失がコストよりも小さい場合、即刻とりやめます。

④ 浪費的コスト

何の成果も生まない活動に関わるコストです。**無為のコスト**とも呼びます。無為のコストは発見しにくいものですが、存在を確認できたら、即刻活動をとりやめます。

Reference Guide 『創造する経営者』116～125ページ。

コストの分類

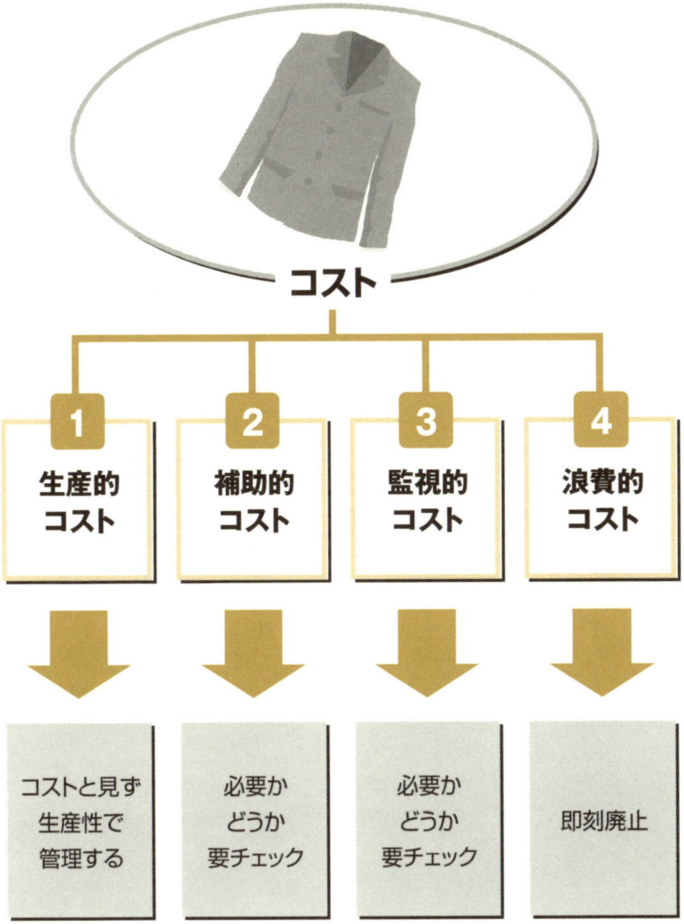

Column コラム

成果の90%は10%の原因から

ドラッカーは、『創造する経営者』の中で、「成果の90%は10%の原因からなされる」という意味のことを言っています。この言葉から想起されるのが「パレートの法則」です。

パレートの法則とは、イタリアの経済学者ヴィルフレド・パレートが発見した所得分布の経験則に基づいた考えです。すなわち、「金持ちの上位20%が、この国の富の80%を占める」というものです。そしてこの「上位20%が、全体の80%を占める」は、所得分布のみならず、様々な分野で用いられるようになりました。

パレートの法則を前提にすると、「原因の20%が、成果の80%を占める」ということになります。一方、ドラッカーは、これよりも厳しい見方、すなわち「成果の90%は10%の原因に起因する」と指摘しているのです。

さて皆さんは、パレート説を支持しますか、それともドラッカー説を支持しますか?

●ドラッカーとパレートの主張

第3章

マーケティングと知識の分析

1. ドラッカーと事業戦略

▼

事業の現状分析

2. 利益とコストの分析

- 利益分析
- コスト分析

3. マーケティングと知識の分析

- マーケティング分析
- 知識分析

▼

事業機会の探索

4. 機会に焦点を合わせる

- 機会に焦点を合わせる3つの手法
- 事業機会を発見する

5. イノベーションのための7つの機会

- イノベーションの必要性
- イノベーションのための7つの機会

▼

イノベーション組織と事業戦略

6. イノベーション組織の推進

- イノベーション型組織
- 社会機関、ベンチャーのイノベーション

7. 事業戦略の基本タイプと戦略計画

- 専門化、多角化、統合
- 4つのイノベーション戦略
- 戦略計画の策定

3-1 マーケティング分析とは何か

前章では、「業績をもたらす3つの領域」の分析、コスト分析を実行しました。一方、事業が適切な市場に向けて遂行されているかも検討しなければなりません。この活動がマーケティング分析です。

1 マーケティング分析とは何か

事業の目的は「顧客の創造」であり、企業が顧客を創造するための基本機能は「マーケティング」と「イノベーション」の2つだけです（1-1、1-5節参照）。

そして、マーケティングとは、「買わないことを選択できる第三者に、喜んで自らの購買力と交換してくれるものを提供する」ための活動といえます。当然、この活動が適切に遂行されているか、前章で見た事業の現況分析と同様、分析しなければなりません。これが**マーケティング分析**です。

2 マーケティング分析の手法

マーケティング分析では、企業の内部から製品や技術を分析してはいけません。あくまでも、企業の外側（市場側）から製品や技術、すなわち「**われわれの事業とは何か**」を問うべきです。そのためには、

① **顧客は誰か**

② **顧客はどこで買うか**

③ **顧客は何に価値を見出しているのか**

これらの問いに答えることが、「われわれの事業とは何か」に答えることであり、引いてはマーケティング分析のポイントになります。

次節では、この点についてもう少し詳しく説明しましょう。

one point **ドラッカーの「事業」の定義**

ドラッカーは、事業のことを、「市場において、知識という資源を経済価値に転換するプロセス」と定義しています。

Reference Guide 『創造する経営者』126～127、140ページ。

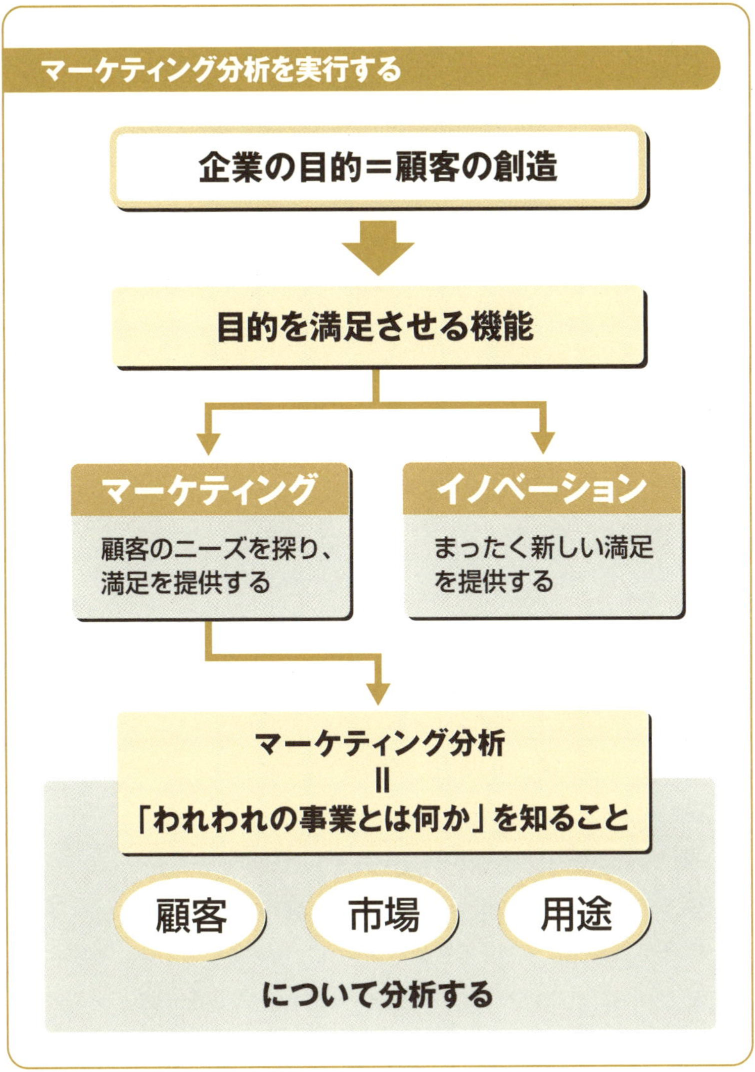
マーケティング分析を実行する
企業の目的＝顧客の創造
目的を満足させる機能
マーケティング
顧客のニーズを探り、満足を提供する
イノベーション
まったく新しい満足を提供する
マーケティング分析
＝
「われわれの事業とは何か」を知ること
顧客
市場
用途
について分析する

3-2 顧客、市場、用途を問う

マーケティング分析とは、「顧客は誰か」「どこで買うか」「何に価値を見出しているか」に答える作業です。これは、「顧客」「市場」「用途」これら3点について分析することにほかなりません。

1 3つの問いに答える

マーケティング分析では、3つの問いに答えて、われわれの事業は何かに答える必要があります。そして、自社の事業が適切に実行されているかどうかを評価します。

問い①：顧客は誰か

われわれの事業について知るには、まず「われわれが対象とする顧客は誰なのか」について知るべきです。マーケティングのアプローチでは、「誰が顧客であるのかわからない」とするのが前提です。その上で、誰が購入を決定するのかを見極め、この購入プロセスに関与するすべての人を顧客と捉えることが大切です。そしてすべての顧客の満足を追求すべきなのです。

問い②：顧客はどこで買うのか

この問いは、市場に対する問いでもあります。われわれが顧客と認めた人たちが、自社の製品（あるいはライバルの製品）を、どこで購入しているのかを明らかにする作業です。

問い③：顧客は何に価値を見出しているのか

企業が勝手に思い込んでいる製品の「素晴らしい機能」が、顧客からは不必要な機能と思われていることがよくあります。顧客が製品からどのような価値または用途を見出し、満足を得ているのかを知るのも重要です。

one point **思い込みは捨て去ろう**

マーケティング分析では、思い込みは厳禁です。特に、「顧客や市場のことは何もわかっていない」という立場から分析を実行する謙虚さが大切です。

Reference Guide 『創造する経営者』129〜141ページ。

顧客は誰か、どこで買うか、価値は何か

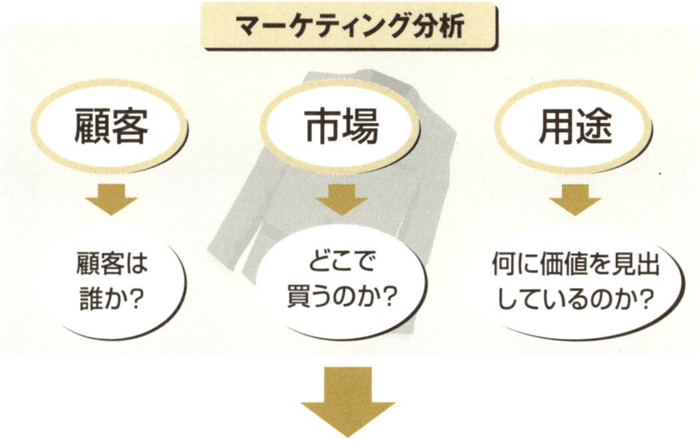

ドラッカーが指摘する捨てるべき「思い込み」

①顧客市場について、企業が知っていると考えていることは、間違っていることの方が多い。

②企業が売っていると考えるものを、顧客が買っていることは稀。

③直接の競争相手と見なしている製品やサービスが、本当の競争相手であることは稀。

④製品の最も重要な特色、質と考えているものが、ときとして、顧客にとってはまったく意味がないことがある。

⑤顧客は合理的。不合理と考えるのは危険。

⑥市場にとっては、いかなる製品、いかなる企業も重要ではない。製品、サービス、満足の一部でしかない。

⑦顧客が誰かわからないという前提に立つ。顧客とは、支払う者ではなく、買うことを決定する人のこと。

⑧顧客と呼び得る特定の個人や集団を持たない企業もある。

3-3 予期せざるものを探る

マーケティング分析では、前節の3つの問いに答えると同時に、「予期せざるもの」を探り当てることにも努めます。「予期せざるもの」は、得てして業績改善のキーポイントになるものなのです。

1 予想に反する大きな誤り＝予期せざるもの

当然のものと受け止めていたことが、実は大きな誤りだったことが判明することがよくあります。これが**予期せざるもの**です。そして、このような「予想に反する大きな誤り」を探り当てるのが、予期せざるものの探求です。

予期せざるものには、事業を改善するための鍵となる要因が含まれているものです。マーケティング分析の一環として、予期せざるものの探求には、体系的に取り組む必要があります。

2 予期せざるものを発見するために

予期せざるものを発見するには、いくつかのポイントがあります。まず、自社の製品を買わないのは誰かを突き止めることです。そして、彼らがなぜ、顧客にならないのかを探ります。これにより、場合によっては、予期せざるものが発見できるかもしれません。

それから、顧客が限られたお金と時間をどのように使っているのかを見極めることも大事です。これにより、自社の製品にとっての、本当のライバルが明らかになることもあるでしょう。

その他、上記も含めてドラッカーは、予期せざるものを見付ける9つの方法を紹介しています（右ページ参照）。マーケティング分析の一環として、大いに活用したいものです。

one point **自社に見えていないもの**

「予期せざるものを探る活動」は、言い換えると、「自社が見えていないものを理解する活動」にほかなりません。

Reference Guide 『創造する経営者』141〜154ページ。

予期せざるものの見付け方

予期せざるものを見付ける

①自社の製品を買わないのは誰か。なぜ、彼らは顧客にならないのか。

②顧客は何を買うか。金と時間をどう使っているのか。処分可能な金や時間を何に使っているのか。

③顧客は他社から何を購入しているのか。それの価値は何か。顧客の満足は何か。

④自社の製品で、本当に重要な満足を提供するものは何か。

⑤いかなる状況が、自社の製品やサービスなしで済むようにしてしまうのか。または、その逆は何か。

⑥意味ある商品群とは何か。

⑦まだ競争相手になっていない者は誰か。

⑧誰の競争相手にまだなっていないか。事業の新たな機会はどこか?

⑨不合理に見える顧客の行動は何か。顧客の現実であって自社に見えないものは何か。

自社が見えていないものを見えるようにする活動である。

3-4 事業成果の源泉としての知識

3-1節のOne Pointで触れましたが、事業とは、「市場において、知識という資源を経済価値に転換するプロセス」のことです。したがって、事業の成果向上には、この知識の分析も欠かせません。

1 際だった知識＝卓越性をもて

事業とは、知識という資源を経済価値に転換するプロセスです。また、卓越した知識、すなわち卓越性が、製品やサービスの差別化を可能にします。この差別化の結果、企業は経済的な成果を手にできます。

よって、事業で業績を上げるには、「卓越した知識＝卓越性」に突出することが欠かせません。

2 知識についての基本的事項

ドラッカーは、知識について、あらかじめ知っておきたい基本事項が5つあると、次のように指摘しています。

①ある事業に対してどのような知識が必要なのか定義するのは、極めて簡単、あきれるほど簡単ということです。②しかし、定義は簡単ながら、知識の分析には、訓練を必要とします。

また、③知識は滅しやすく、④あらゆる知識が、やがて間違った知識になります。つまり、陳腐化するわけです。

加えて、⑤いかなる企業も、多くの知識において同時に卓越することはできません。言い換えると、市場が経済的な報酬を与えてくれるような真の知識には、集中が不可欠になります。

このような前提のもとに、自社の知識を分析します。

one point **技術は知識の一形態**

卓越した技術は、事業の成果に大きく貢献する要因になるでしょう。しかし、技術も知識の一形態です。マネジメントやマーケティング、イノベーションも知識の1つです。技術ばかりが大切な知識なわけではありません。

Reference Guide 『創造する経営者』155～160、164～167ページ。

知識を分析する前に

事業とは、

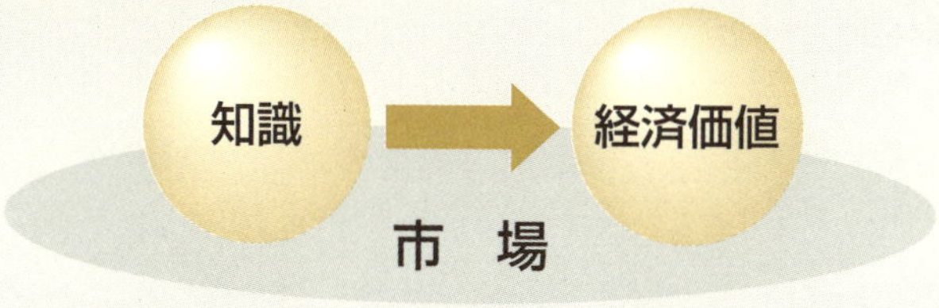

市場で、知識を経済価値に転換するプロセス

ドラッカーが指摘する、分析の前に「知識」について押さえておくべきこと

①ある事業に対してどのような知識が必要なのか定義するのは、極めて簡単

②しかし、定義は簡単ながら、知識の分析には、訓練が必要

③知識は滅しやすい

④あらゆる知識が、やがて陳腐化する

⑤いかなる企業も、多くの知識において同時に卓越することはできない
（市場が経済的な報酬を与えてくれるような真の知識に集中する必要あり）

3-5 自社が得意とするもの

知識の分析は、「自社の得意とするものは何か」を分析することにほかなりません。ドラッカーは、自社が成功してきたものと、失敗してきたものを調べることが、知識分析の最善の方法だと言います。

1 分析のための基本手法

知識分析の基本は、自社が成功してきたもの、失敗してきたもの、双方を調べることです。具体的には、①**他社と自社の比較**、②**自社の成功と失敗**、③**上得意の顧客の声**、これらを通じて自社の成功と失敗を分析します。

①は、自社が容易にできて競合他社ができなかったこと、またはその反対のものを調べることです。②は、自社が経験した失敗と成功の比較から、得意とするものを調べます。また、最後の③は、上得意の顧客に対して、「自社の仕事で他社ができないのはいかなる点か」を聞くということです。

2 分析のための基本的な問いかけ

またドラッカーは、知識の分析には次の問いに対する答えも欠かせないと指摘します。まず、「適切な知識を持ち成果の上がる領域に集中しているか」という問いです。加えて、「貢献している知識に適切な報酬を得ているか」「知識が製品やサービスに十分組み込まれているか」「知識の利用法をいかに改善できるか」についても検討しなければなりません。こうして得られた知識分析の結果をマーケティング分析にフィードバックすると、これまで見逃したり過小評価していた市場を再評価できます。

one point **卓越性を定義する際に**

自社の卓越性は、「大きく、しかし同時に集中させることができるように、範囲を特定するものでなければならない[5]」とドラッカーは言います。範囲が大き過ぎても、また小さ過ぎても、自社の卓越性にはなり得ません。

Reference Guide 『創造する経営者』160～164、168～171ページ。

---

5 『創造する経営者』284ページ。

知識を分析する

知識の分析

自社が得意とするものは
何かを明らかにすること

↓

これらの問いに答えて分析する

- 適切な知識を持つか
- 貢献している知識に適切な報酬を得ているか
- 成果の上がる領域に集中しているか
- 知識が製品やサービスに十分組み込まれているか
- 知識の利用法をいかに改善できるか

etc…

3-6 事業分析のとりまとめ

業績をもたらす3つの領域、コストセンターとコスト構造、そしてマーケティングと知識。以上大きく4つの分析に基づいて、自社の事業について理解し、明日の方向付けを行います。

1 現状の理解から戦略策定へ

前章および前々章で触れた事業分析では、①**業績をもたらす3つの領域の分析**、②**コスト分析**、③**マーケティング分析**、④**知識分析**という、大きく4つの分析を実施しました。

続いて、③と④の活動を通じて、①と②を見直す作業を行います。これにより、暫定的だった①と②の結果が、より現実に即したものになるでしょう。

2 自社に欠けているものを明確にする

さらに、自社に欠けているものを明確にする作業が不可欠です。これは、①と②に、③と④の結果を重ね合わせることで明らかになります。一般的に企業に欠けている活動として、

① 全盛期を過ぎたものに代わるべきものを開発する努力

② 機会と成功のための支援

③ 知識に対する新しいニーズと機会を明らかにする活動

これらがよく見受けられると、ドラッカーは指摘しています。

以上の分析を通じて、最終的に事業の状況をとりまとめて、事業の現状を把握・診断して、将来に向けての方向付けを行います。これすなわち、**事業戦略の策定**にほかなりません。具体的な戦略を描く手法については、次章で解説することにしましょう。

one point 自社の事業は何か、何になるか、何であるべきか

厳密に事業を定義するには、「自社の事業は何か」に加え、「将来的に何になるか」「何であるべきか」についても答えなければなりません。このことは、『現代の経営』『マネジメント——課題・責任・実践』などの著書で述べられています。

Reference Guide 『創造する経営者』172〜182ページ。

事業分析から事業戦略の策定へ

実施した分析

①業績をもたらす3つの領域の分析
②コスト分析
③マーケティング分析
④知識分析

↓

①と②の見直し

↓

自社に欠けているものを明らかにする

↓

事業の状況をとりまとめて、将来的な方向付けを行う!

——事業戦略の策定へ——

Column
コラム

事業ドメイン

事業の活動領域や存在領域のことを**事業ドメイン**、あるいは単に**ドメイン**と呼びます。

ドメインについて最初に指摘したのは、マーケティング学者セオドア·レビットだといわれます。レビットは、製品やサービスそのものではなく、「機能」でドメインを定義するよう指摘しました。

その後、このドメインの考えは、経済学者デレク·エイベルによってさらに洗練されます。エイベルはドメインを「技術」「顧客」「機能」で定義することを提唱したのです。これは、「誰に対して、どのような技術を用いて、何を提供するのか」、すなわち「WHO」「HOW」「WHAT」に答えることにほかなりません。

また、上記の3要素の中の「技術」は、他者に真似のできない自社が得意とするもの（3-5節参照）と言い換えることができるでしょう。近年ではこれを、**コア・コンピタンス**とも呼びます。ちなみに、コア·コンピタンスは、「顧客に特定の利益をもたらす一連のスキルや技術」と定義されています。

以上について知っておくことも、自社の事業分析に役立つと思います。

●エイベルの事業ドメイン

第4章

機会に焦点を合わせる

1.ドラッカーと事業戦略

事業の現状分析

2. 利益とコストの分析

- 利益分析
- コスト分析

3. マーケティングと知識の分析

- マーケティング分析
- 知識分析

事業機会の探索

4. 機会に焦点を合わせる

- 機会に焦点を合わせる3つの手法
- 事業機会を発見する

5. イノベーションのための7つの機会

- イノベーションの必要性
- イノベーションのための7つの機会

イノベーション組織と事業戦略

6. イノベーション組織の推進

- イノベーション型組織
- 社会機関、ベンチャーのイノベーション

7. 事業戦略の基本タイプと戦略計画

- 専門化、多角化、統合
- 4つのイノベーション戦略
- 戦略計画の策定

4-1 機会に焦点を合わせる3つの手法

企業の3つの仕事の第2番目は、「潜在的な機会を発見し実現する」でした（2-1節参照）。事業分析の結果を潜在的な機会に結び付け、明日に向けた事業の方向付けを見出さなければなりません。

1 明日に向けての方向付け

事業の分析を潜在的機会に結び付け、明日に向けての方向付けを行うには、①**理想企業からスタートする**、②**機会を最大化する**、③**資源を最大化する**、という3つのアプローチを順次実行します。

①では、理想の企業を思い描き、それをモデルにして成果を上げます。理想の企業とは、言い換えると「市場が望む企業」のことです。これを明らかにして、自社の進むべき方向を明らかにします。

続いて②では、事業機会がさらに魅力的になるように、優先して推進すべき活動領域を明らかにします。同時に、優先的に活動を取りやめる領域や、何も手を付けない領域を明確にします。

そして最後の③では、事業機会に対して資源の集中と適切な配分を行います。中でも、人材の適切な配置が、ここでの大きなポイントになります。

2 3つのアプローチは相互補完的

上記3つのアプローチは、機能あるいは効果が異なります。そのため、3つのアプローチは相互補完的で、これを統合して活用することが望ましいとドラッカーは言います。以下、上記3つのアプローチについて、詳しく検討したいと思います。なお、事業機会を見付け出す方法については、4-5節から4-7節で解説します。

Reference Guide 『創造する経営者』184〜197ページ。

機会を明日に結び付けろ

事業分析
＋
明日に向けての事業機会

↓

1 理想の企業を目標に設定する

＋

2 事業機会を最大化する

＋

3 資源を最大化する

↓

3つのアプローチは
相互補完的と理解しよう!

4-2 理想企業を設定する

市場が望む企業とは何かを問い、設定した理想企業を目標にした事業構築を考えます。これにより、業績の方向性が明らかになり、成果を評価する基準になります。ただし、適切な「時間」の設定が必要です。

1 目標を設定する

潜在的な機会を発見し、明日の進むべき方向を明らかにするためのアプローチ、その第1は、**理想の企業**を設定する方法です。市場が望む理想の企業像を描き、それを目標に企業のあり方を再定義します。

目標を設定することで、企業の業績に対する基準が明らかになります。また、その目標と現状との間にあるギャップを明らかにすることで、ギャップを埋める手段が明確になります。加えて、その目標を基準にして、自己の成果を測定することもできますし、測定結果をフィードバックして、活動の改善や修正を行える効果も生まれます。

2 時間を考える

一方、理想の企業という目標設定には、**時間**の問題が重要になります。これは、「目標実現のための期間を設定すること」と言い換えてもよいでしょう。

設定期間が短か過ぎれば、目標実現への行動は、満足な結果を生みません。また逆に、目標達成までの期間が長過ぎると、資金の浪費につながってしまいます。

ドラッカーは、まず大きな絵を描いて実行に移し、その後、細部を修正していくのが大切だと指摘しています。

one point **目標管理**

ドラッカーは、成果を上げるマネジメントの手法として**目標管理**を掲げています。これは、目標と自己管理で自分自身をマネジメントする手法です。目標の設定は一般的なマネジメントでも有用なのです。

Reference Guide 『創造する経営者』197〜200ページ。

目標設定のメリット

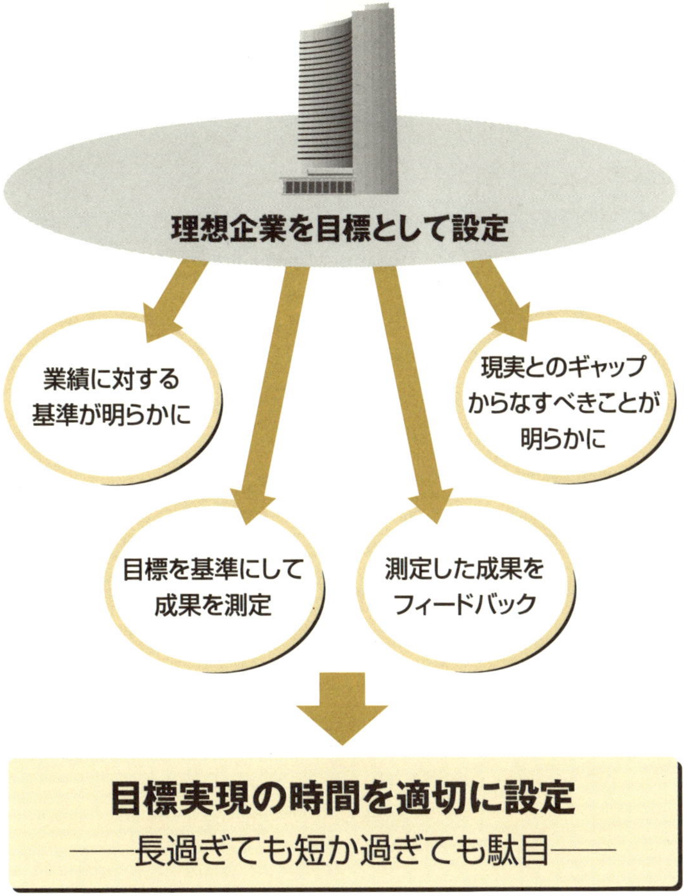

理想企業を目標として設定
業績に対する基準が明らかに
目標を基準にして成果を測定
測定した成果をフィードバック
現実とのギャップからなすべきことが明らかに
目標実現の時間を適切に設定
──長過ぎても短か過ぎても駄目──

4-3 機会の最大化

事業機会を最大化するための優先領域を明確にすると共に、古くさくなったものを廃棄します。そして、製品やサービスの適切化およびイノベーションを図っていきます。

1 機会を最大化するために

事業機会を最大化するには、まず、製品、市場、流通チャネル、コストセンターなどを、次の3つの領域に分類します。

① **推進すべき最優先領域**

② **優先的に廃棄する領域**

③ **推進も意図的廃棄もそれほど効果のない領域**

例えば、「明日の主力製品やシンデレラ製品」などは①に、「独善的製品や非生産的特殊製品」などは②に、また、「今日の主力製品」「不釣り合いな努力でしか節減できないコスト」などは③に分類します。

2 何を実行するのか

上記分類ができたら、優先領域や廃止領域で実行すべきことを明らかにします。例えば、優先領域では、①目標に向けて製品や活動を適切にし、②最少の労力で済むイノベーションを実行します。

前者は、ほぼ適切に扱われている製品やコストなどを、わずかな変更で最適なかたちにすることです。これが最優先となる行動です。

また、後者では、古いものに新しい次元を与える行動を発見し、それを実践します。この活動は、「すでに可能になっているにもかかわらず、まだ実現されていない欠落した致命的に重要なものは何か」を問うことだとドラッカーは言います。

Reference Guide 『創造する経営者』200〜208ページ。

3つの領域に分類する

理想企業

- 製品
- 市場
- 流通チャネル
- コストセンター

❶ 推進すべき優先領域

- 明日の主力製品とシンデレラ製品
- 明日の主力製品に明後日とって代わる開発努力
- 新しい重要な知識と流通チャネル
- 高額の補助コスト、監視的コスト、浪費的コスト

❷ 優先的に廃止する領域

- 独善的製品と非生産的特殊製品
- 簡単に廃棄できる不必要な補助的コストと浪費的コスト
- 昨日の主力製品

❸ 推進も廃止も意味のない領域

- 今日の主力製品
- 不釣り合いな努力でしか節減できないコスト

4 機会に焦点を合わせる

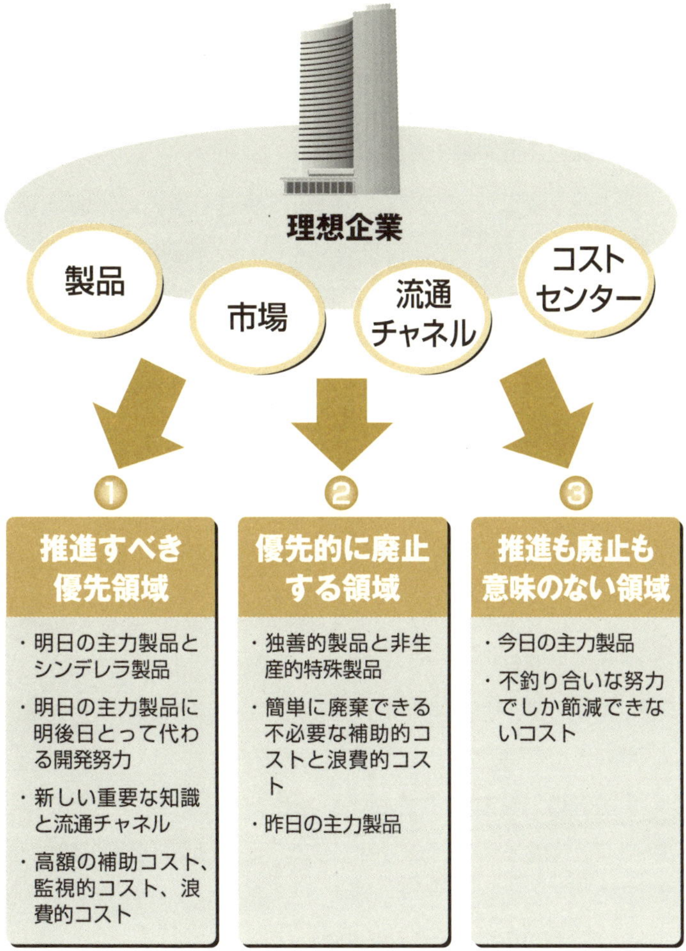

4-4 人材の配置を考える

第3番目のアプローチは、最大限に活用すべき機会に対して、手持ちの資源を効果的に割り振ります。このアプローチでは、特に人材の配置が重要な要素になります。

1 資源の能力を最大限引き出す

理想の姿を設定し、優先的に行動する領域や優先的に取りやめる領域が決まりました。次に重要になるのが、資源、いわゆるヒト、モノ、カネの割り当てです。中でも、戦略を行動に移す際に重視すべきなのが、人材の配置についてです。

人材配置の最大の原則、それは、第一級の人材を最も大きな機会に割り当てるということです。人材が足りない場合、外部からでも確保して、大きな機会に対処すべきです。

2 「強制選択」による人材配置

ドラッカーは人材の配置にあたり強制選択の利用を提唱しています。もともと心理テストの一種である強制選択は、好ましさの度合いが同程度のもの2つから、いずれか1つを選ばせることを指します。これを人材配置に応用しようというのです。

この手法では、まず機会のリストを作成し、好ましい順にランクを付けます。また、手持ちの人材についてもリストを作成し、優秀な人材順にランクを付けます。そして、優秀な人材から順に、優先順位の高い機会に配置していきます。

人材の配置は、戦略を実行に移す際に極めて重要な意思決定です。十分に配慮した取り組みが欠かせません。

Reference Guide 『創造する経営者』209〜211ページ。

強制選択の活用

理想企業
優先順位の高い機会に優秀な人材を配置
――機会を最大限活用――
推進すべき優先機会
――強制選択で機会に優先順位を付ける――
優秀な人材の選抜
――強制選択で、人材に順序を付ける――
優先順位の低い仕事に優秀な
人材を配置してはいけないのだ!

4-5 事業機会を発見する

前節まで、機会に焦点を合わせる手法について記してきました。しかし、機会自体が存在しないことには、機会に焦点を合わせた活動もできませんので、事業機会を見付ける方法について検討しましょう。

1 事業機会を見付ける3つの方法

ドラッカーは、事業機会を見付ける方法として、

① **自社の弱みに機会を見付ける**

② **アンバランスに機会を見付ける**

③ **脅威に機会を見付ける**

これら3つを掲げています。ここでは、まず、①自社の弱みに機会を見付ける、から解説しましょう。

2 弱みを機会に転じる

①の方法では、自社や業界の脆弱性、あるいは成果を阻害しているものに着目します。そして、この「弱み」を是正する方法を考えることで、事業活性化の機会にします。

一般に、自社や業界の弱みは、すでに明らかになっていることが多く、「この弱みを克服するのは不可能だ」と考えられています。こうした弱みを解消したとき、大きな成果を得られます。

克服不可能と考えられている弱みは、通常、①生産工程からくる脆弱性、②産業の経済性からくる脆弱性、③市場の経済性からくる脆弱性、の3種類に分類できると、ドラッカーは言います。

企業や業界の内部に最も有望な機会が潜んでいます。もちろん、こうした機会に対応していくには、イノベーションが不可欠です。

one point **さらに多くの機会がある**

ここでの事業機会は、今日の事業に関する中短期的な機会と理解してください。新たな事業開発を対象にした機会も存在します（第5章参照）。

Reference Guide 『創造する経営者』212〜223ページ。

事業機会の発見①——弱みに注目

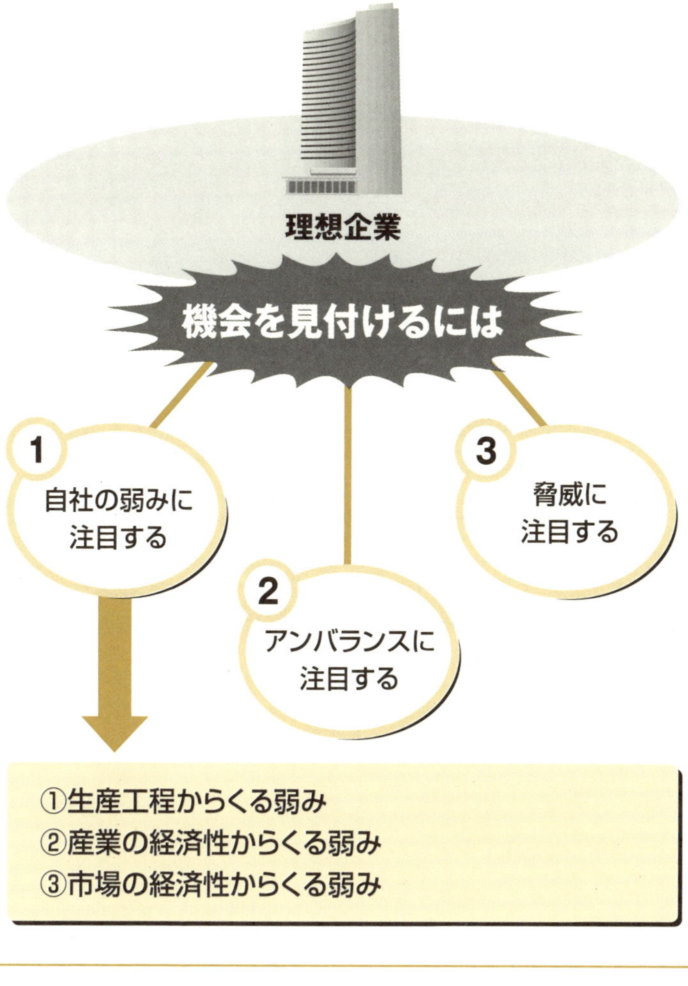
理想企業
機会を見付けるには
1
自社の弱みに
注目する
2
アンバランスに
注目する
3
脅威に
注目する
①生産工程からくる弱み
②産業の経済性からくる弱み
③市場の経済性からくる弱み

4-6 アンバランスを強みに変える

機会を発見するための2つ目の方法は、企業や事業にあるアンバランスを見付け出し、それを機会に転じることです。アンバランスは、企業活動のあらゆる面で見付け出せます。

1 様々なアンバランス事例

企業の中にある**アンバランス**には様々なケースがあります。例えば、マーケティング組織の規模と成果のアンバランス、事業規模の割に大き過ぎる研究開発費、流通コストと流通チャネル間のアンバランス、資源配分のアンバランスと、数えるときりがありません。

これらの中で、ドラッカーが特に重視するのが、**事業規模のアンバランス**についてです。例えば、事業規模に対して不適切に大きなマネジメントを抱えている、あるいは逆に小さ過ぎるマネジメントしかないのがその代表例です。

2 アンバランスを事業機会に転じる

こうしたアンバランスは、事業機会に転じることが重要です。その一例としてドラッカーは、優れた技能を有する営業陣を全国展開した中小企業の例を掲げています。

この企業は全国を網羅するマーケティング組織の展開を考えましたが、そのためには営業1人当たりの売上を、現在の5倍にする必要があることがわかりました。まさに、マーケティング規模と売上のアンバランスです。そこで、全国網を構築したがっている中小企業向けの営業代行サービスを実施しました。これにより、マーケティング規模と売上のアンバランスを解消したのです。

one point **アンバランスでないのは組織図だけ？**

ドラッカーは、企業の中で唯一バランスを保っているのは「組織図しかない」と、冗談とも本気ともつかないことを言っています。しかし、さもありなん、という気もするのですが…。

Reference Guide 『創造する経営者』223〜237ページ。

事業機会の発見②——アンバランスを機会に転じて

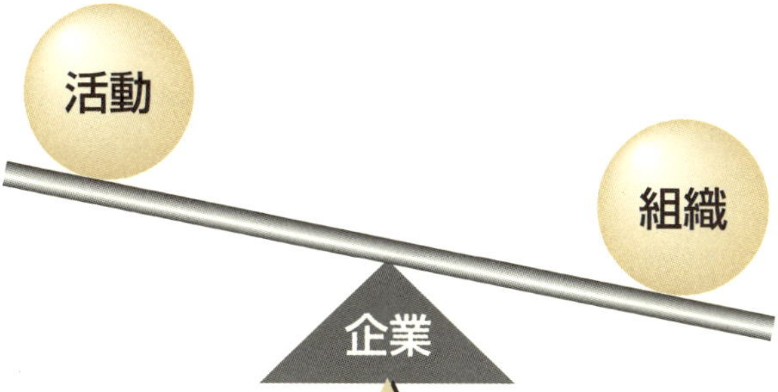

ドラッカーが指摘するアンバランスの代表例

①活動間のアンバランス
②マーケティングや技術のアンバランス
③研究開発と事業のアンバランス
④生産的コストのアンバランス
⑤資源のアンバランス
⑥流通コストと流通チャネル間のアンバランス
⑦高い水準の努力が必要な補助的活動
⑧事業そのものの規模のアンバランス

アンバランスの是正を機会に転じる

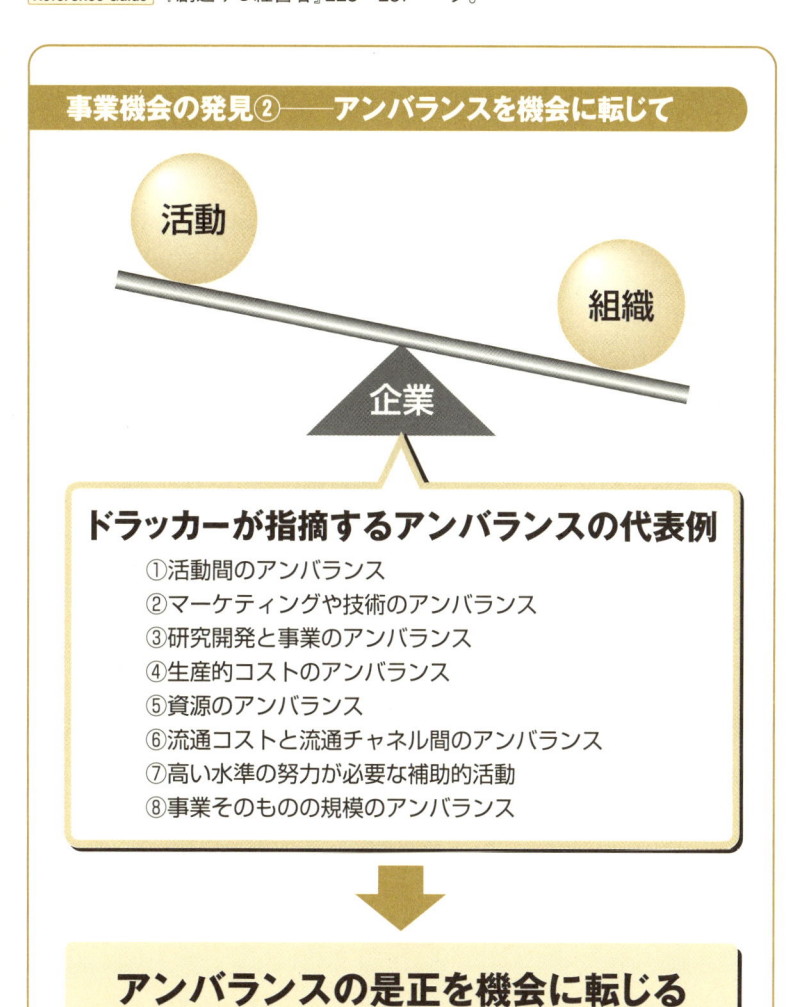

4-7 脅威を機会に変える

機会を発見するための3つ目の方法、それは企業や業界にとって脅威と考えられているものを機会に転じることです。機会の発見では、以上3つのアプローチを統合して活用します。

1 脅威を機会に変えるには

ドラッカーは脅威を機会に変えるには、「事業にとって有害であるとしてきたものをいかに受け入れるか」「そもそもそれらは本当に有害か」「それとも逆に役立てられるか」、これらについて問わなければならないと言います。

例えば、インターネット普及後、しばらくして登場したクリック&モルタルという流行語も、脅威を機会に転じたケースから生まれたものだといえます。

この言葉、もとはブリック&モルタル（レンガとモルタルによる既存の店舗）と、マウスのクリックを掛けた言葉で、既存型店舗とeコマースを組み合わせた店のことを指します。インターネットの普及と共にeコマースが注目され、小規模な既存店舗はeコマースに淘汰されるのではないか、ともいわれました。つまり、こうした店舗にとって、インターネットは脅威の的だったのです。

2 脅威を機会に変えた「クリック&モルタル」

しかし、これを機会と捉えた既存店舗が、積極的にeコマースに参入し売上を大きく伸ばすことに成功しました。そして、こうした形態の店舗を称して「クリック&モルタル」と呼んだのです。クリック&モルタルは、脅威を機会に転じた好例といえるでしょう。

Reference Guide 『創造する経営者』237〜243ページ。

事業機会の発見③——脅威を機会に

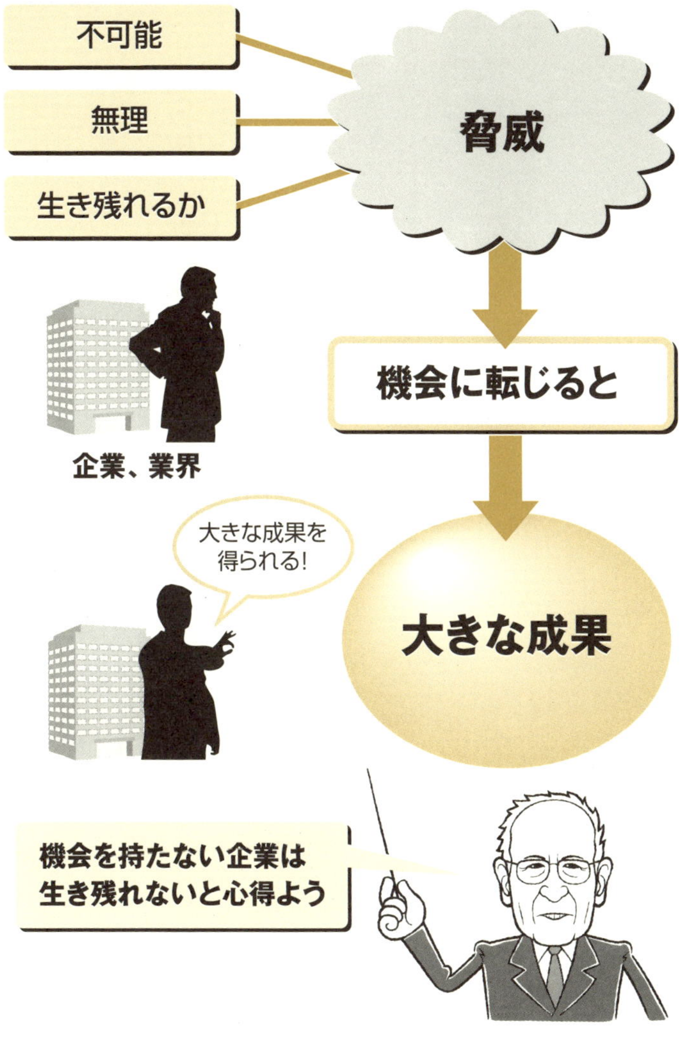

不可能
無理
生き残れるか
脅威
機会に転じると
企業、業界
大きな成果を
得られる!
大きな成果
機会を持たない企業は
生き残れないと心得よう

Column
コラム

リスク志向と機会志向

『イノベーションと起業家精神』の中で、「機会」に関して興味深い逸話が挿入されています[6]。

ドラッカーは、ある大学のセミナーで、起業家精神をテーマにした心理学者たちの話を聞いたといいます。そして、セミナーの議論が進む中、彼らの意見は、「起業家精神がリスク志向である」という方向に収れんされていきました。

こうして、セミナーの最後に、ある起業家がコメントを求められます。しかし、この起業家はセミナーの結論と自分の思いが違うことに戸惑いながらも、率直に意見を述べます。

「起業家は、すべからくリスクを明らかにし、それを最小限にしようとしている」というのが彼の意見でした。

ドラッカーも、自分の経験を振り返ると、この起業家のコメントに合致すると言っています。そして、ドラッカーは、「イノベーションを実現する人は、リスク志向ではない。機会志向である。」と結んでいます。

●リスク志向と機会志向

6 『イノベーションと起業家精神(上)』223~224ページ。

第5章

イノベーションのための7つの機会

1.ドラッカーと事業戦略

事業の現状分析

2. 利益とコストの分析

- 利益分析
- コスト分析

3. マーケティングと知識の分析

- マーケティング分析
- 知識分析

事業機会の探索

4. 機会に焦点を合わせる

- 機会に焦点を合わせる3つの手法
- 事業機会を発見する

5. イノベーションのための7つの機会

- イノベーションの必要性
- イノベーションのための7つの機会

イノベーション組織と事業戦略

6. イノベーション組織の推進

- イノベーション型組織
- 社会機関、ベンチャーのイノベーション

7. 事業戦略の基本タイプと戦略計画

- 専門化、多角化、統合
- 4つのイノベーション戦略
- 戦略計画の策定

5-1 イノベーションの必要性

あらゆるものが時間の経過と共に変化し、古くなります。本章では、企業の第3番目の仕事である変化を前向きに受け入れ、「明日のための新しい事業を開発する術」について考えたいと思います。

1 イノベーションの定義

2-1節で、企業にとって本業の仕事には、①今日の事業の業績を上げる、②潜在的な機会を発見し実現する、③明日のための新しい事業を開拓する、という3種類があると述べました。いままで解説してきたのは①と②についてです。いよいよここから、③明日のための新しい事業を開拓する、すなわちイノベーションについて検討することになります。

イノベーションとは、「人的、物的、社会的資源に対し、より大きな富を生み出す新しい能力をもたらすこと」と定義できます。これは言い換えると、「未来における、新たな顧客の創造」となり、これがイノベーションの本質ともいえるでしょう。

イノベーションを実現するには、企業の戦略の一環として、イノベーションのための体系的機能を組織に組み込むことが欠かせません。「明日何をするかを決定することではなく、明日をつくるために、今日何をすべきかを問う」ことが不可欠なのです。

2 イノベーションは発明ではない

なお、イノベーションと発明は同義ではありません。例えば、冷蔵庫に凍結を防ぐ用途を見出し、これを極寒に住む人々に販売することも、イノベーションの1つに数えられます。

one point **イノベーションにも規模の差がある**

　前章でもイノベーションについて若干触れましたが、本章で扱うイノベーションは長期的視野で見た、より新たな能力をもたらすイノベーションです。イノベーションにも規模の差があると理解してください。

Reference Guide 『イノベーションと起業家精神（上）』44～51ページ。

イノベーションとは何か？

企業の3つの仕事

①今日の事業の業績を上げる

②潜在的な機会を発見し実現する

③明日のための新しい事業を開発する

↓

イノベーションの実現

人的資源や物的資源に対してより大きな
富を生み出す新しい能力をもたらす

▼

未来における、新たな顧客創造

イノベーションと技術的発明は同義ではないので注意したい

5-2 イノベーションを実現するために

イノベーションには、製品やサービス面、社会的な面、企業の管理面、という3つの分野があります。イノベーションについて考えるには、これら3つの側面を念頭に置くべきです。

1 イノベーションの種類

イノベーションには、3つの種類があります。第1に**製品のイノベーション**で、卓越した製品やサービスを開発することです。一般的に考えられているイノベーションがこれです。

第2に**社会のイノベーション**があります。これは、消費者の行動や価値観を変えるような革新を指します。そして第3には**管理のイノベーション**です。これは、製品やサービス提供に不可欠な各種技能と活動面においての革新を指します。例えば、トヨタ自動車の**カイゼン活動**は、管理のイノベーションを起こすための活動ともとれるでしょう。

2 イノベーションを実現するために

いずれかの面でイノベーションを実現するには、イノベーションの機会を探すことが欠かせません。第4章では、中短期的な視野でのイノベーションと、その機会の探索について見ました。一方、ここでは、明日を築く新たな事業に関する機会を探します。ドラッカーは、これを**イノベーションの7つの機会**と呼んでいます。

また、イノベーションの機会を探索する手法をあらかじめ体系化しておき、その仕組みを企業の中に組み込みます。こうすることで、変化に前向きに取り組む企業姿勢を構築できるでしょう。

one point **イノベーションの種類**

イノベーションの3つの種類については、『マネジメント——課題・責任・実践』172～175ページで言及されています。

Reference Guide 『イノベーションと起業家精神（上）』51～53ページ。

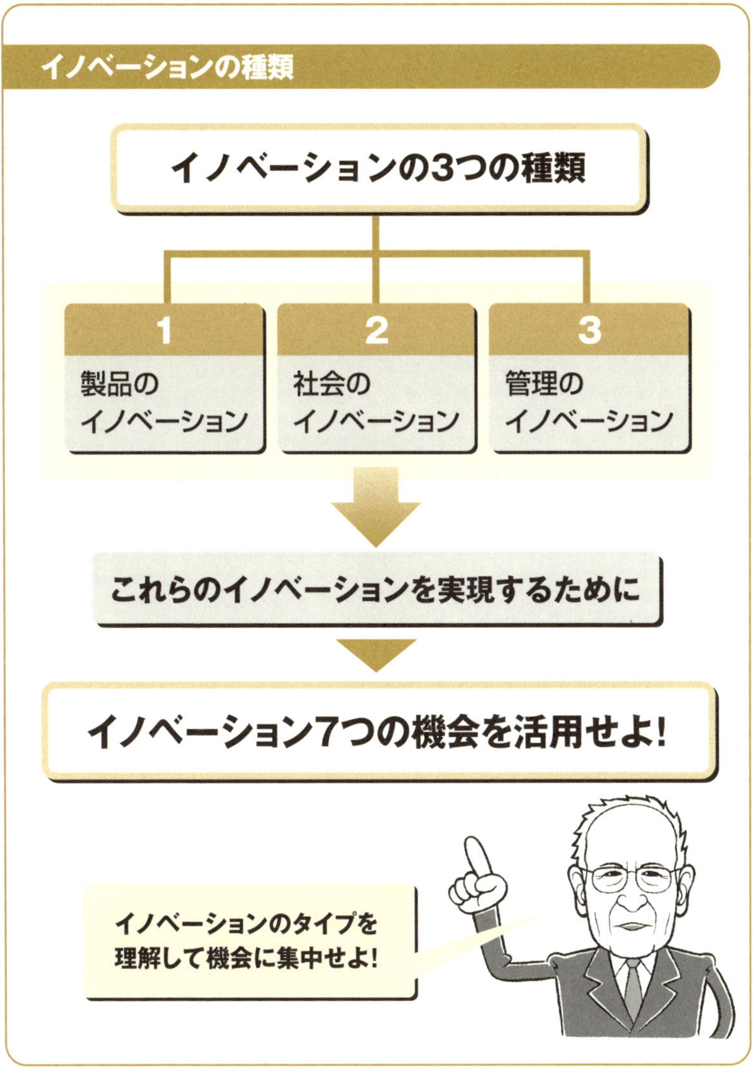

イノベーションの種類
イノベーションの3つの種類
1
製品のイノベーション
2
社会のイノベーション
3
管理のイノベーション
これらのイノベーションを実現するために
イノベーション7つの機会を活用せよ！
イノベーションのタイプを理解して機会に集中せよ！

5-3 イノベーションの7つの機会

ドラッカーは、イノベーションのための機会には大きく7種類あると言います。そして、この7つの機会を体系的に探し出すことが、イノベーション実現の第一歩になります。

1 内部要因と外部要因

ドラッカーが指摘する**イノベーションの7つの機会**は、大きく「企業や業界の内部に関するもの」と「企業の外部に起因するもの」に分けられます（右ページ参照）。

企業や業界の内部に起因するものとしては、**予期せぬことの生起**や**ギャップの存在**などがあります。前者は、予期せぬ成功、予期せぬ失敗などに、イノベーションの機会を見付け出すことを指します。また、後者は、企業の内部にあるギャップに着目して機会を発見する行為です。

一方、企業の外部に起因するものとしては、**人口構造の変化**や**認識の変化**などがあります。これらは、次節にも示す**すでに起こった未来**とも呼ばれる要因です。イノベーションの機会を探索する上で極めて重要な鍵となるものです。

2 並び順にも要注意

それから、「イノベーションの7つの機会」の並び順にも注意してください。ドラッカーによると、これらは信頼性と確実性が共に大きい順に並んでいるといいます（単独の企業では管理が困難な外部要因が、後の方に並んでいるのはこのためです）。機会を発見するための優先順位と理解してもよいでしょう。

Reference Guide 『イノベーションと起業家精神（上）』51〜53ページ。

イノベーションの7つの機会

イノベーション

7つの機会

1. **予期せぬことの生起**
予期せぬ成功、予期せぬ失敗などについて探索する

2. **ギャップの存在**
現実にあるものと、あるべきもののギャップを探す

3. **ニーズの存在**
プロセス・ニーズや労働力ニーズについて探索する

4. **産業構造の変化**
産業構造の変化に着目し、機会を探索する

5. **人口構造の変化**
人口構造の変化に着目し、将来的な機会を探し出す

6. **認識の変化**
社会や人々の認識や価値観の変化を見付け出す

7. **新しい知識の出現**
発明や発見による新しい知識について探索する

7つの機会は
並び順にも意味がある

5-4 すでに起こった未来

前節では、イノベーションの7つの機会の概略について触れました。以下、それぞれについて詳しく解説しますが、その前に、「すでに起こった未来」というコンセプトについて触れておきたいと思います。

1 ドラッカーが指摘する「すでに起こった未来」

すでに起こった未来という言葉は、『創造する経営者』をはじめ、ドラッカーが様々な著書で繰り返し言及している、最重要キーワードの1つです。

社会的、文化的、経済的な大きな出来事と、そのもたらす影響には時間差があります。しかし、変化は現在すでに始まっていて、その結果は必ず現れます。こうした類の変化のことを、ドラッカーは「すでに起こった未来」と呼びます。すでに起こった未来を探し出し、それに対して適切に対処することで、未来への対応、さらにはイノベーションの実現につながりやすくなるわけです。

2 「すでに起こった未来」を探す

すでに起こった未来の代表的要因は、イノベーションの7つの機会にも含まれている**人口構造の変化**や**知識の変化**などです。これらの、すでに起こった未来を特定し、それが「自社にとってどういう影響を及ぼすのか」を考えることが、イノベーションの実現にとって重要になるのです。

いずれにしろ、すでに起こった未来は、イノベーションの機会を探す上で、極めて大切な考えになるということを、あらかじめ理解しておいてください。

Reference Guide 『創造する経営者』246〜262ページ。

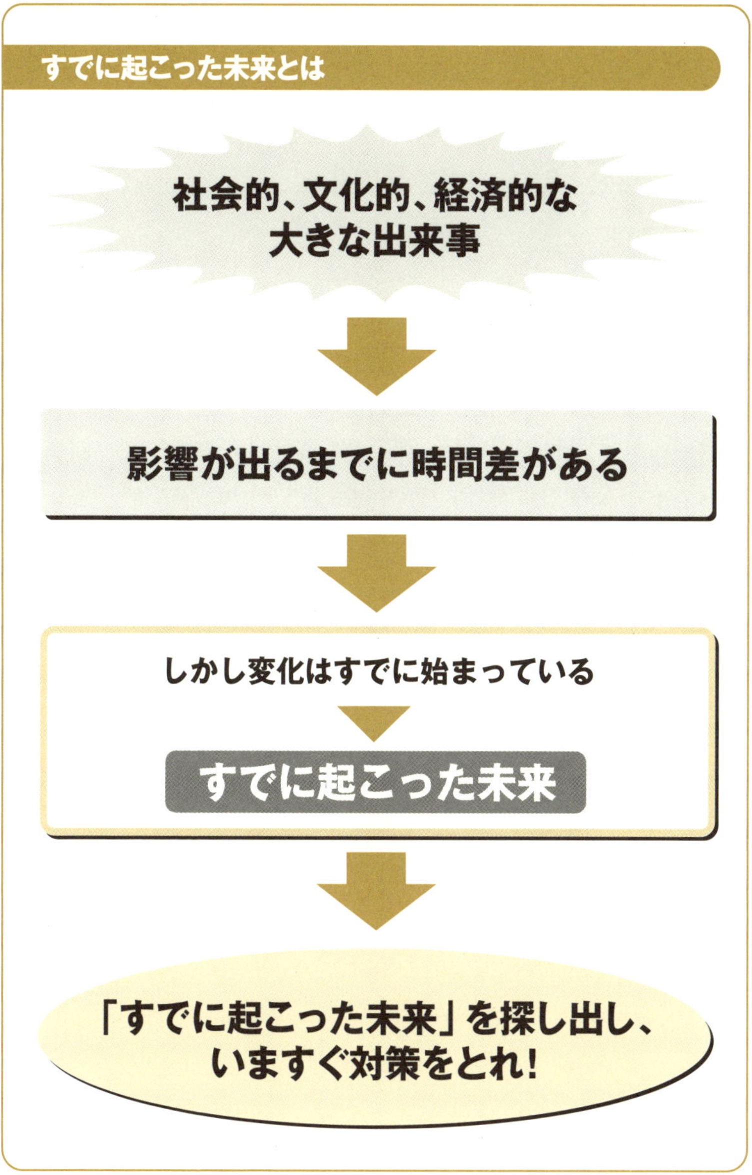
すでに起こった未来とは
社会的、文化的、経済的な
大きな出来事
影響が出るまでに時間差がある
しかし変化はすでに始まっている
すでに起こった未来
「すでに起こった未来」を探し出し、
いますぐ対策をとれ！

5-5 予期せぬことの生起

「イノベーションの7つの機会」、その1番目は、「予期せぬことの生起」です。中でも「予期せぬ成功」には、イノベーションの大きな機会が潜んでいるのです。

1 予期せぬ成功

ドラッカーは、**予期せぬこと**として、①予期せぬ成功、②予期せぬ失敗、③予期せぬ外部の変化、の3つを掲げています。

まず、**予期せぬ成功**ですが、人は長く続いてきたものが正しいと思いがちです。結果、何か予期せぬ成功が起こっても、通常は無視されます。あるいは、気付くことさえありません。

しかしながら、予期せぬ成功は、自らが定義している事業や市場、顧客に何らかの変化が現れたとも考えられます。この考えに従うと、予期せぬ成功をさらに追求していけば、市場や顧客の変化に対応したイノベーションも可能かもしれません。

予期せぬ成功は、成功をもたらす可能性が高いという点で、リスクが小さい機会です。体系的に探索する仕組みを、組織の中に組み込んでおきたいものです（One Point参照）。

2 予期せぬ失敗と外部の変化

また、**予期せぬ失敗**についても目配りが欠かせません。従来うまくいっていたのに、予期せぬ失敗が起こることは、やはり環境が変化してきている兆候かもしれません。加えて、**予期せぬ外部の変化**にも要注意です。特に、外部環境の変化と自らの事業の知識が合致しているとき、イノベーションが上手く進む傾向にあります。

one point **月例報告書の1ページ目に工夫を**

予期せぬ成功を体系的に探索するには、それが目立つ仕組み、注意を引く仕組みを作らなければなりません。ドラッカーはその取り組みの1つとして、月例報告書の1ページ目に、予想以上に成果が上がった事例について記すことを提案しています[7]。

Reference Guide 『イノベーションと起業家精神（上）』54～84ページ。

---

7 『明日を支配するもの』93ページ。

予期せぬことに注目せよ

イノベーションの7つの機会――その①

自ら定義している市場や顧客に何らかの変化が現れたと考えよう!

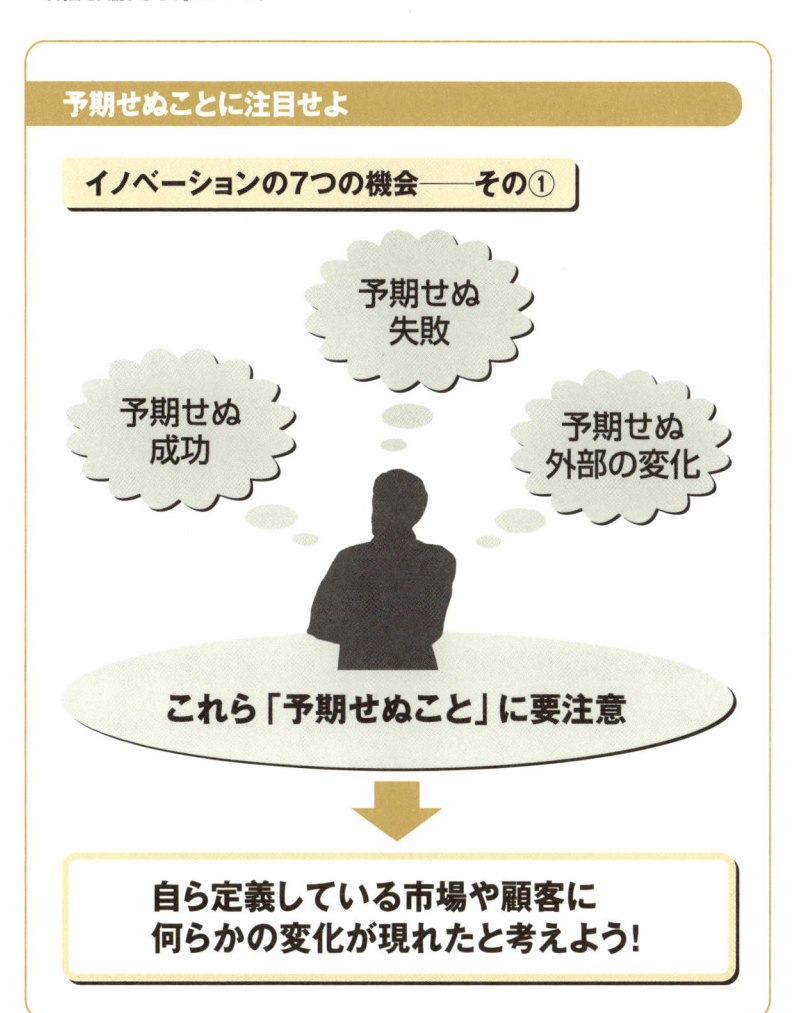

5-6 ギャップの存在

イノベーションの7つの機会の探索、その2番目は、ギャップの存在を体系的に探し出すことです。ギャップには、業績、認識、価値観、プロセスのギャップがあります。

1 業績と認識のギャップ

ギャップとは、現実の状況とあるべき姿の間にある差のことです。ドラッカーは次の4種類のギャップを指摘しています。

①業績ギャップは、製品やサービスの需要が伸びているのに、業績はそれに比例していないという状況です。業績ギャップでは、まず問題が何なのかを明らかにしなければなりません。そして、その問題を機会ととらえ、イノベーションを実現します。

②認識ギャップは、ものごとを間違って捉えたり、現実について誤った認識をしたりしている状態です。認識ギャップは、通常、ギャップを認識すること、それ自体が重要になります。そうすれば解決にそれほど大きなイノベーションは必要としません。

2 価値観とプロセスのギャップ

③価値観ギャップは、実際の価値観と、期待や思い込みの価値観との間にあるギャップです。3-2節で、「企業が売っていると考えるものを、顧客が買っていることは稀である」と記しましたが、これは価値観ギャップの最たるものです。

④プロセス・ギャップは、工程や手順の中にあるギャップです。長期間、最善と考えられてきたプロセスには、ときに大きなプロセス・ギャップがあるものです。

Reference Guide 『イノベーションと起業家精神（上）』85〜102ページ。

ギャップに注目せよ

イノベーションの7つの機会——その②

①業績ギャップ
製品やサービスの需要が伸びているのに、業績はそれに比例していないという状況

②認識ギャップ
ものごとを間違って捉えたり、現実について誤った認識をしたりしている状態

③価値観ギャップ
実際の価値観と、期待や思い込みの価値観との間にあるギャップ

④プロセス・ギャップ
工程や手順の中にあるギャップ

**ギャップを埋める手段を発見すれば
イノベーションを実現できる**

5-7 ニーズの存在

先に見た「予期せぬこと」や「ギャップの存在」は、イノベーションのための、すでにある機会です。一方、ここで扱うニーズの存在は、まだ顕在化していないイノベーションの機会を探ります。

1 ニーズに対する3つの機会

ここで対象にする潜在的なニーズは、産業や企業の内部にあるものです。①プロセス上のニーズ、②労働力上のニーズ、③知識上のニーズの3種類があります。

①プロセス上のニーズは、産業や企業内に存在する既存のプロセス内にある問題点や不都合、不適切に対することです。これを洗い出し、機会に転じます。

例えば、コンピュータとネットワークの進展で、在宅勤務も決して珍しいものではなくなりました。これなども業務プロセス上のニーズを見直した上で得られた解決策といえるでしょう。

②労働力上のニーズは、文字どおり企業が労働力に対して持つニーズです。上記で見た在宅勤務が進展すると、より多様なサービスをネットワークに依存することになるでしょう。例えば、テレビ電話市場は、在宅勤務という労働力に対する新たなニーズによって、大きく伸びるかもしれません。

最後の③知識上のニーズは、開発研究を目的としたニーズです。開発目的が明らかになっているものの、それを実現するための知識が不足している状況です。このニーズが満足されると、しばしば大きなイノベーションが誕生します。

Reference Guide 『イノベーションと起業家精神(上)』103～115ページ。

ニーズに注目せよ

イノベーションの7つの機会——その③

ニーズの種類

①プロセス上のニーズ
産業や企業内に存在する既存のプロセス内にある問題点や不都合、不適切を洗い出し、それを機会に転じる

②労働力上のニーズ
企業が労働力に対して持つニーズ

③知識上のニーズ
開発研究を目的としたニーズ。開発目的は明らかだが、知識が不足している状態

↓

ニーズに基づくイノベーションの条件

①何がニーズであるか理解されていること

②イノベーションに必要な知識が手に入ること

③問題の解決策が、使う人の価値観や方法に合致していること

↓

ニーズはイノベーションの母である!

5-8 産業構造の変化

産業や市場の構造は不変のように思いがちです。しかし、産業構造も市場構造も変化します。この変化の兆しをいち早く見付け、機会として活用することも、イノベーションにつながります。

1 産業構造に変化が起きるとき

産業や市場は時間と共に構造が変化します。これに対して企業は、昔とは異なる新たな仕事のやり方を模索しなければなりません。また、産業構造の変化時は、異業種企業にとって参入のチャンスです。この点でも、既存の企業は新たな対応を迫られます。

ドラッカーは、**産業や市場の構造が変化する兆候**として、次の4点を掲げています。

第一に、「急速な成長」です。「ある産業が経済成長や人口増加を上回る速さで成長するとき」に、構造そのものに大きな変化が生じると、ドラッカーは言います。

また、業界が成長し、「その規模がある時期の2倍に達する時点」でも、業界内に大きな変化が起きると言います。それまでの市場の常識が、現実に即さないようになるのがこの時期です。

さらに、「いくつかの技術が合体したとき」や「仕事の仕方が急速に変わるとき」も、構造変化の兆候として要注意です。

2 リーダー企業こそ要注意

産業構造が変化するときは、リーダー企業ほど大きな危機に直面するといえます。というのも、リーダー企業は、新たに生まれつつある市場を軽く見たり、過去の見方や方法に執着したりするからです。

Reference Guide 『イノベーションと起業家精神(上)』116〜135ページ。

産業構造の変化に注目せよ

イノベーションの7つの機会——その④

時間の経過

↓

産業構造、市場構造も変化する

注目すべきポイント

1. 業界の急速な成長
2. 産業規模が2倍に成長する頃
3. いくつかの技術が合体したとき
4. 仕事の仕方が急速に変わるとき

↓

リーダー企業は過去のやり方に執着しないよう要注意

5-9 人口構造の変化

いままでに紹介してきたイノベーションの機会は、企業や業界の内部を対象としていました。ここからは、企業や業界の外部で起こる変化です。中でも注目すべきなのが人口構造の変化についてです。

1 すでに起こった未来としての人口構造

社会的、文化的、経済的な大きな出来事と、そのもたらす影響には時間差があります。しかし、変化は現在すでに始まっていて、その結果は必ず現れます。これが、**すでに起こった未来**です（5-4節参照）。

すでに起こった未来の中でも、特に重視すべきものが**人口構造の変化**です。人口構造の変化は最も逆転しにくく、比較的早い段階で影響が明らかになります。そのため、人口の増減、年齢構成、家族構成、雇用や教育水準、所得などは、すでに起こった未来の中で、特に重要な要素になります。

2 リードタイムを有効に活用する

また、人口構造の変化には、**リードタイム**が明らかになっているという特徴があります。例えば、出生率の急激な低下は、それから5、6年後に、学校教育へ大きな影響を及ぼすでしょう。

したがって、すでに起こった未来としての人口構造の変化を把握したら、次にリードタイムを明らかにして、どういう事態が起こるのかを予測します。そして、それが「自社に対してどのような影響を及ぼすのか」という点について問わなければなりません。

one point **人口の重心移動に注目せよ**

人口構造の検討で重要なのは人口よりもむしろ**年齢構成**です。中でも、「最も急速に成長する最大の年齢集団の変化、すなわち人口の重心の移動」が、特に重要だとドラッカーは指摘しています。

Reference Guide 『イノベーションと起業家精神（上）』136〜154ページ。

人口構造の変化に注目せよ

イノベーションの7つの機会——その⑤

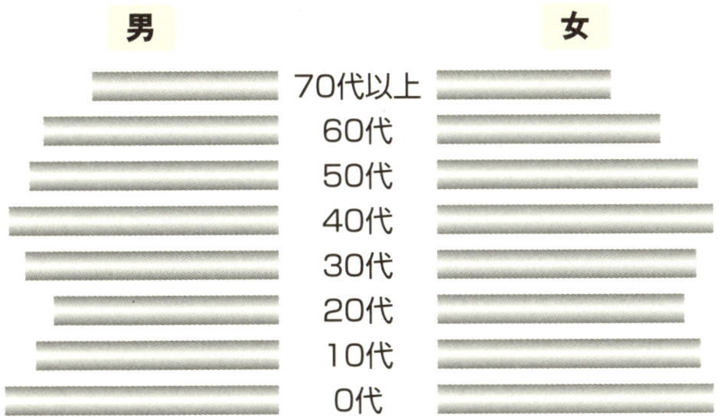

人口ピラミッド

↓

- **ほぼ確実に到来する**
- **リードタイムが読める**

↓

「すでに起こった未来」の典型

5-10 認識の変化

認識の変化とは、世界観や価値観、文化の変化と言い換えてもよいでしょう。例えば、肉食をしなかった日本人が、明治時代になって肉を口にするようになったのは、認識の変化があったからこそといえます。

1 「半分入っている」と「半分空である」

ドラッカーは**認識の変化**について、コップに入っている水を引き合いに出します。コップに入っている水が「半分入っている」と「半分空である」とでは、どちらも量的には一緒です。しかし、「半分入っている」から「半分空である」のように、人々の認識が変わるとき、イノベーションの機会が生まれると、ドラッカーは言います。

2 認識の変化は文化を徐々に変化させる

江戸時代の日本人は肉を口にしなかったといいます。ところが、幕末になって西洋文化が入ってくると、肉を口にする人が徐々に増えます。最後の将軍で有名な徳川慶喜も大の肉好きだったといいます。そのため「豚一（トンイチ）様」と陰口を言われたそうです。

それはともかく、肉を口にしてもよいという認識の変化は、社会に徐々に浸透し、これにより、肉屋ができ、肉を食べさせる店舗が現れました。やがて一般家庭内でも食されるようになると、ナイフやフォークの需要も出てきます。

このように、認識の変化は社会の様子を徐々に変化させます。そして、新たな文化を生み出します。変化に早く着目し、機会を捉えれば、大きな成果を得られます。とはいえ、取り組みが早過ぎても遅過ぎてもいけません。タイミングを見計らうのが大事です。

one point **小さく着手せよ**

認識の変化を機会として活用するアプローチでは、小さく着手するのがポイントです。最初から大きな投資をするのは危険な賭けと一緒です。

Reference Guide 『イノベーションと起業家精神（上）』155～168ページ。

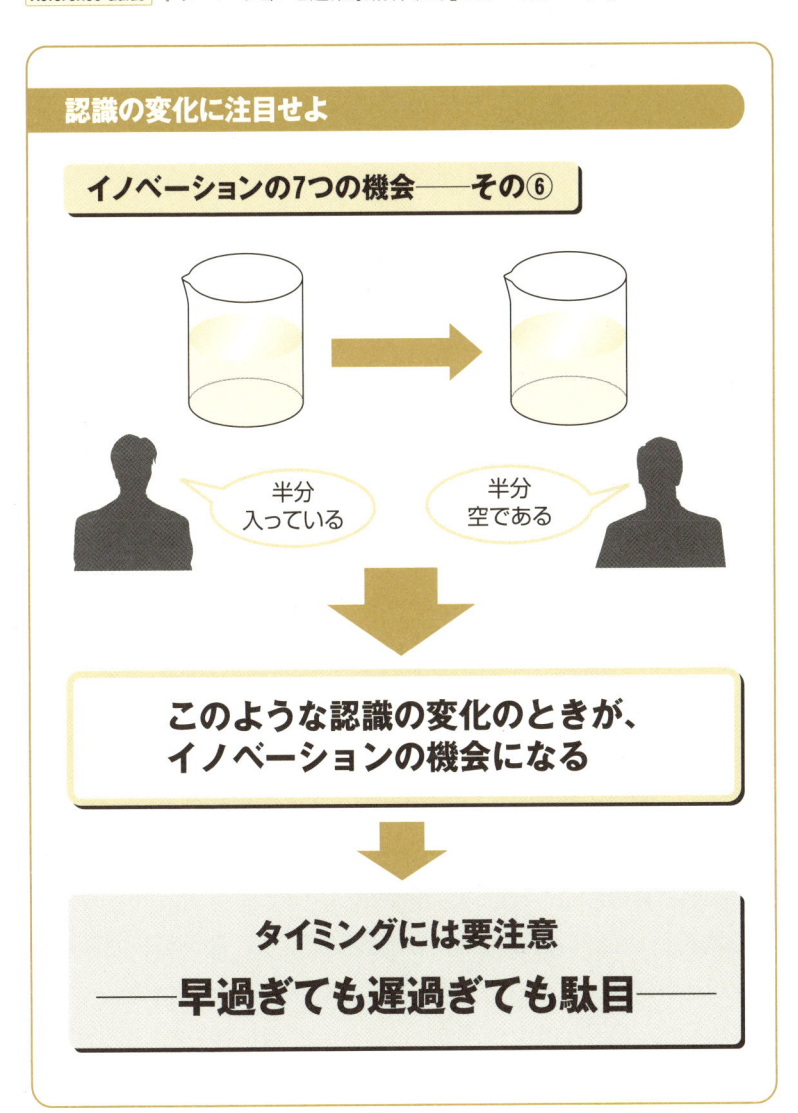

認識の変化に注目せよ

イノベーションの7つの機会――その⑥

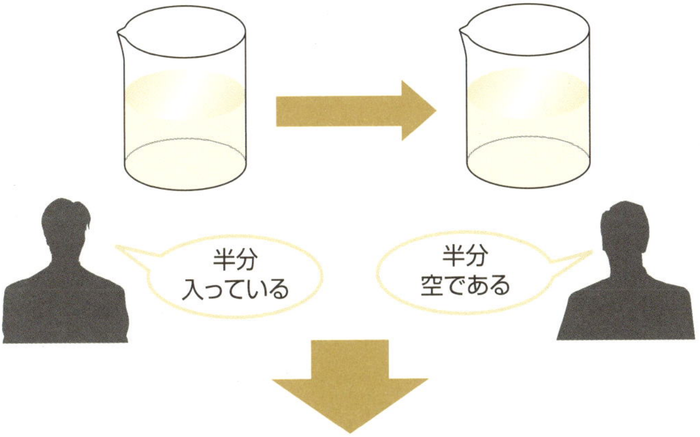

このような認識の変化のときが、
イノベーションの機会になる

タイミングには要注意

――早過ぎても遅過ぎても駄目――

5-11 新しい知識の出現

「イノベーションの7つの機会」の最後は、発明や発見による新しい知識です。発明や発見は、イノベーションの大きな機会になります。しかし、1つの発明の影には、無数の失敗が横たわっているのです。

1 知識によるイノベーションの特徴

発明や発見は、イノベーションの大きな機会になります。これが7番目のイノベーションの機会です。

知識のイノベーションにはいくつかの特徴があります。まず、発明や発見から、それがイノベーションに結び付くまでのリードタイムが非常に長いという点です。

また、知識によるイノベーションは、いくつかの異なる知識の結合によってもたらされるという特徴を持ちます。しかも、結合に必要な知識が、すべて出揃っていないと失敗に終わります。

2 知識のイノベーション、成功のための3つの条件

上記のような特徴を持つ知識のイノベーションで成功するには、次の条件を満たさなければなりません。第1に、知識そのものに加え、社会、経済、認識の変化など、すべての要因を分析しなければなりません。その上で、戦略を持って実行に移し、優れたマネジメントで事業を管理しなければなりません。

知識のイノベーションには、起業家が追い求めてやまない夢とロマンがあります。しかし、長い時間に耐えるには忍耐力にも増して、資本が不可欠です。また、イノベーションの後に生き長らえる企業は一握りだけです。これらの点を十分認識しておくべきです。

Reference Guide 『イノベーションと起業家精神（上）』169～207ページ。

新しい知識に注目せよ

イノベーションの7つの機会――その⑦

発明　発見

新しい知識

→ 長いタイムスパンで社会に影響を及ぼす

知識によるイノベーション

成功の条件

①知識そのものに加え、社会、経済、認識の変化など、すべての要因を分析する

②戦略を持つ必要がある

③マネジメントを学び、実践する必要がある

イノベーションが成功しても、生き残れる企業はほんの一握りだ

Column コラム

4度目の情報革命

新しい知識の出現は、世の中に大きなインパクトを与えます。現代社会は、情報革命のまっただ中といわれますが、これもやはり新しい知識の出現によるものです。

ところで、ドラッカーは著書『明日を支配するもの』（ダイヤモンド社）の中で、情報革命に言及し、「今日の情報革命は、人類史上、4度目のものである」と指摘しています[8]。非常に興味深い文明論なので、ドラッカーの考えを簡単に説明しておきます。

ドラッカーによると、第1の情報革命の鍵となった新しい知識が「文字」の発明です。メソポタミアでは、5000〜6000年前に起こりました。

続いて、新たな知識として「書物」が発明され、第2の情報革命が起きました。中国では紀元前1300年頃、ギリシアでは紀元前500年頃のことです。

さらに、15世紀半ばに起こったグーテンベルクによる「活版印刷」の発明、そして「彫版」の発明です。これが起因となって第3の情報革命が成立しました。

こうして、20世紀に至り、コンピュータとインターネットの誕生によって、第4の情報革命の時代が到来したのです。

●情報革命の歴史

第1次情報革命——文字

▼

第2次情報革命——書物

▼

第3次情報革命——印刷

▼

第4次情報革命——コンピュータ、インターネット

8 『明日を支配するもの』116〜126ページ。

第6章

イノベーション組織の推進

1.ドラッカーと事業戦略

事業の現状分析

2. 利益とコストの分析

- 利益分析
- コスト分析

3. マーケティングと知識の分析

- マーケティング分析
- 知識分析

事業機会の探索

4. 機会に焦点を合わせる

- 機会に焦点を合わせる3つの手法
- 事業機会を発見する

5. イノベーションのための7つの機会

- イノベーションの必要性
- イノベーションのための7つの機会

イノベーション組織と事業戦略

6. イノベーション組織の推進

- イノベーション型組織
- 社会機関、ベンチャーのイノベーション

7. 事業戦略の基本タイプと戦略計画

- 専門化、多角化、統合
- 4つのイノベーション戦略
- 戦略計画の策定

6-1 イノベーション型組織の実現

イノベーションの7つの機会を適切に把握し、現実のものとしていくには、それを前提とした組織の仕組みが欠かせません。本章では、イノベーションを起こしやすい組織のあり方について検討します。

1 イノベーション型組織を実現

ドラッカーは、既存の企業が、変化を前向きに捉え、自ら変化を起こす体質になるためのシナリオを、下記のように描いています。

①陳腐化したものを体系的に廃棄する

組織がイノベーション対応型に変化するには、第1に、古くさくなったもの、すでに役に立たなくなったもの、これらを体系的に検討し廃棄する仕組みを、組織の中に導入することです。ドラッカーはこれを体系的廃棄（または計画的廃棄）と呼びます。

②現状を分析し把握する

第2段階は、製品、市場、流通チャネル、顧客などの現状を分析して把握します。その際に、これらにはライフサイクルがあることを理解し、それぞれどのような段階にあるかを検討します。

③どのような領域でいかなるイノベーションが必要か検討する

第3段階は、どのような領域で、いかなるイノベーションが必要か検討します。第5章で解説したイノベーションの機会を見極め、いかなるイノベーションが必要かを考えます。

④計画を立てる

第4段階は、上記③について計画を立てます。実行すべき仕事を明らかにし、これにヒト、モノ、カネを割り当てます。

one point **体系的廃棄**

体系的廃棄は、ドラッカーの様々な著書に現れるキーワードです。①現在あるものの改善（カイゼン活動）、②成功しているものについての応用法を考案（開発活動）、③古くなったものを捨て「新しく、違ったもの」を考案（イノベーション活動）、という一連の過程を指します。

Reference Guide 『イノベーションと起業家精神（下）』14～21ページ。

イノベーション型組織実現の手順

イノベーション型組織

イノベーションを起こしやすい組織体質

組織構築の手順

①陳腐化したものを体系的に廃棄する
古くさくなったもの、すでに役に立たなくなったもの、これらを体系的に検討し廃棄する仕組みを導入

②現状を分析し把握する
製品、市場、流通チャネル、顧客などの現状を分析して把握

③どのような領域でいかなるイノベーションが必要か検討する
どのような領域で、いかなるイノベーションが必要か検討

④計画を立てる
実行すべき仕事を明らかにし、これにヒト、モノ、カネを割り当てる

既存企業はこのような要領でイノベーション型組織に脱皮せよ

6-2 イノベーションの評価

イノベーションを推進していくには、イノベーションそのものを評価する仕組みを組織が持つ必要があります。評価の仕組みには大きく3つのポイントがあります。

1 フィードバックと定期点検

イノベーションを評価するには、①フィードバック、②定期点検、③総合評価、これらを組織の機能に組み込むことが重要だと、ドラッカーは言います。

①**フィードバック**は、イノベーションの成果をフィードバックして、期待する成果と比較することを指します。これにより、計画と現実のギャップを認識すると共に、必要な是正措置を行えます。

②**定期点検**は、イノベーションに関する活動の全体を定期的に点検することです。ドラッカーは、数年ごとに、自らのイノベーションを点検するようすすめています。そして、「いずれのイノベーションの進捗状況が優れないか」「あきらめるのか、期限付きの努力を続けるのか」などの意思決定をする判断材料にします。

③**総合評価**は、企業全体の目標や業績との関係において、イノベーション全体を検討することを指します。イノベーションの目標は、企業が目指す方向で合致していなければなりません。

2 定量化ではなく客観的判断を

イノベーションの成果は定量化することが困難です。最終的には、そのイノベーションがわが社にとって必要かどうか、客観的な判断にゆだねられることになります（One Point参照）。

one point **自社はリーダーシップを維持しているか**

企業のイノベーションを評価する際に、「自社はイノベーションでリーダーシップをとっているか、あるいは維持しているか」を問うことが、重要な判断基準になると、ドラッカーは言います。

Reference Guide 『イノベーションと起業家精神（下）』26～30ページ。

イノベーションを評価する仕組み

評価の仕組みを作る

①成果のフィードバック

②定期的点検

③企業全体の目標との整合性

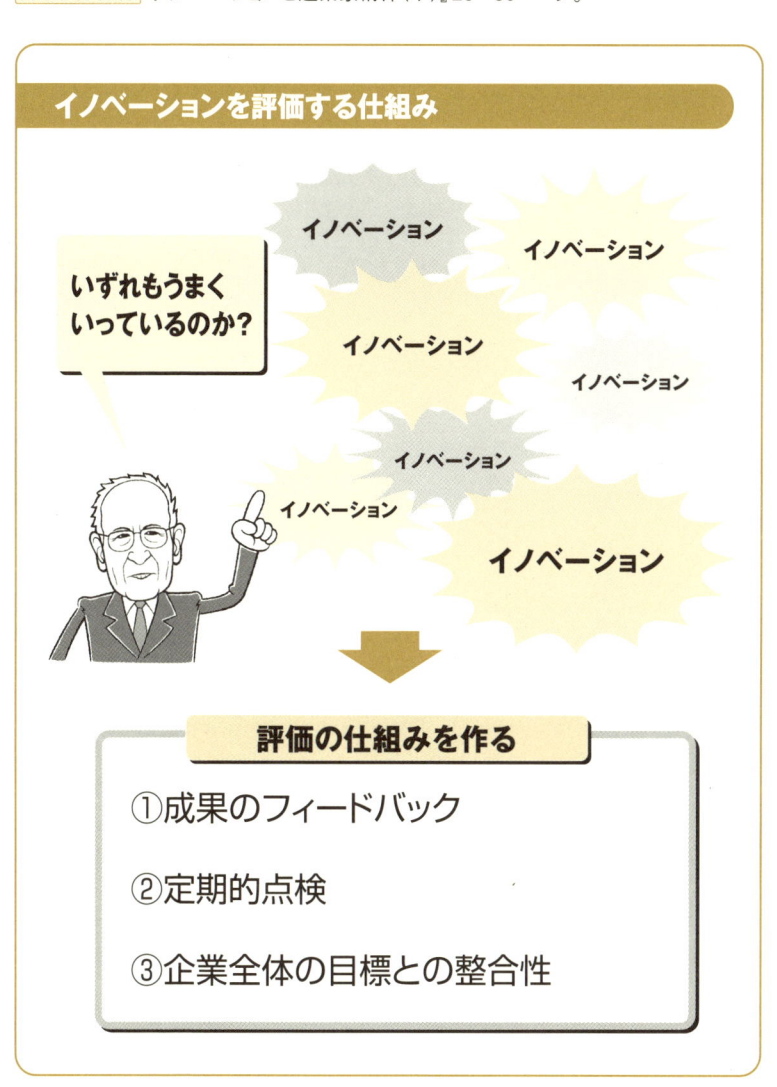

6-3 イノベーション推進組織

既存企業の中でイノベーションを推進する組織は、既存の事業から分離しておくのが原則です。また、事業の核には、企業内で高い位置にいる人を据える必要があります。

1 組織のあり方の基本原則

イノベーションを推進する組織には幾つかの原則があります。

第1に、イノベーションを推進する組織は、既存の事業から分離することが基本になります。イノベーションを推進するには、多くの時間とエネルギーが必要になり、**片手間に推進するのは不可能**だからです。また、事業に対する負担を軽くするためにも、組織を独立させておくのが得策です。ドラッカーは、本来は、**最初から独立事業として推進**するに越したことはない、と指摘しています。

次に、企業内で地位の高い人物を、イノベーション推進組織のトップに据えます。そして、このトップの統轄のもとに全活動を推進します。その上で、イノベーションに関する全責任を、トップおよびその組織に負わせるようにします。

2 報償や測定方法にも配慮を

イノベーション組織に対する報償にも配慮が欠かせません。ボーナスやストックオプションなどの**成功報酬**は、事業を成功させるための強い動機付けになるでしょう。

また、成果の測定にあたっては、既存の事業とは異なる方法や基準を用いることも大事です。これは、イノベーションの収益パターンが、既存の事業とは異なるからです。

one point **イノベーションのタブー**

ドラッカーは、イノベーションに関するいくつかのタブーを知るべきだと言います。「片手間では済まない」「自らの人材で実行する」「得意分野で実行する」などがそれです。

Reference Guide 『イノベーションと起業家精神(下)』30～53ページ。

イノベーションを推進する組織の条件

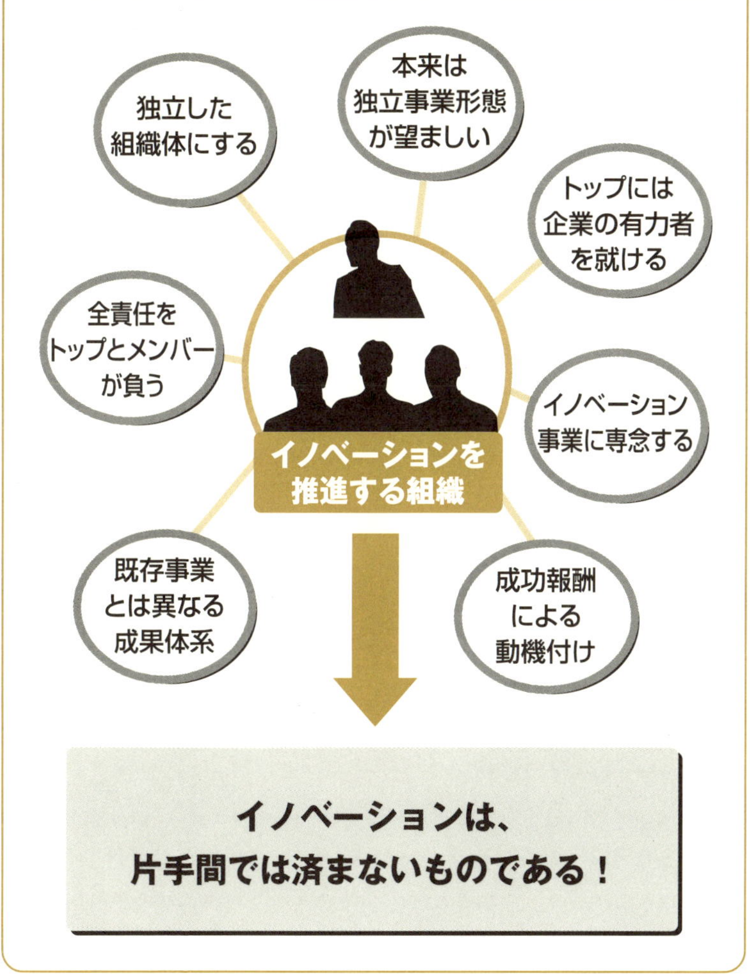
独立した
組織体にする
本来は
独立事業形態
が望ましい
トップには
企業の有力者
を就ける
全責任を
トップとメンバー
が負う
イノベーション
事業に専念する
イノベーションを
推進する組織
既存事業
とは異なる
成果体系
成功報酬
による
動機付け
イノベーションは、
片手間では済まないものである！

6-4 公的社会機関とイノベーション

政府機関や自治体、教育機関など公的な社会機関にも、イノベーションが必要です。しかし、公的社会機関でのイノベーションは、なかなか推進されません。それはなぜで、どうすべきなのでしょうか。

1 公的社会機関がイノベーションできない理由

公的社会機関は、イノベーションを推進するのに向かない幾つかの特徴を持っています。第一に、成果ではなく予算によって活動するという特徴があります。そして、獲得した予算の大きさによって、社会的な価値が評価される傾向にあります。

また、公的社会機関は、あらゆる人々を対象にしなければなりません。そのため、自ずと多くの利害関係者から影響を受けます。加えて、公的社会機関は自らの使命を社会善とすることで、費用対効果を二の次にしがちです。

2 公的社会機関にイノベーションをもたらす

上記のような特徴を持つ公的社会機関に、イノベーションをもたらすには、次のような活動が不可欠です。

まず、機関の目的を明確にします。そして、実現可能な目標を設定します。その際、目標はあくまでも実現可能なものであって、非現実的な目標は費用対効果を無視することになるので、要注意です。

また、いつまでたっても目標を達成できない場合、目標自体が間違っていたことを認めることも必要です。さらに、6-1節で解説した、イノベーション型組織になるためのシナリオを実践することで、イノベーション追求の機会を自ら取り込むことも不可欠です。

Reference Guide 『イノベーションと起業家精神（下）』54〜84ページ。

公的社会機関がイノベーションを実現するには

- 成果ではなく予算で活動
- 予算の規模で価値が決まる
- 利害関係者が多い
- 公的機関活動は善である
- 費用対効果が二の次に

公的社会機関
＝
イノベーションが実現しにくい体質

↓

イノベーション実現のために

①目的を明確にする
②実現可能な目標を設定する
③いつまでたっても達成できない目標はとりやめる制度を
④イノベーション型組織実現の手順を導入

6-5 ベンチャー企業とイノベーション

ベンチャー企業がイノベーションに成功するには、基本になる原則があるとドラッカーは言います。以下、本節と次節で、その原則の詳細について見ていくことにしましょう。

1 成功のための4つの原則

ドラッカーは、ベンチャー企業のイノベーションが成功するには、大きく**4つの原則**があると言います。そして、その4つの原則は、ベンチャー企業の成長とも密接な関係を持ちます。

まず、ベンチャー企業の設立時に重要になるのが①**市場志向**です。次に、成長軌道に乗ったときに重要になるのが②**財務上の見通し**です。さらに、その後も順調に成長したら③**トップ・マネジメント**の重要性が増します。加えて、ベンチャー企業がさらなる発展を目指そうとすると④**起業家自身の役割**を問い直さなければなりません。

2 市場に焦点を合わせ、視野を広く

まず、**市場志向**ですが、ベンチャー企業はイノベーションの導入時に、市場に焦点を合わせ、視野を狭くしないことが鉄則です。イノベーションは、企業が想像さえしなかった市場や顧客が、予想しなかった用途で利用されることがしばしばあります。ところが、ベンチャー企業の視野が狭いと、こうした「予期せぬ成功（5-5節参照）」を見逃してしまいます。したがって、予期せぬ成功を前提に、先入観ではなく、市場志向でイノベーションを展開していくことが、イノベーションの導入段階では極めて重要になるのです。

Reference Guide 『イノベーションと起業家精神（下）』70～79ページ。

ベンチャーがイノベーションに成功するために①

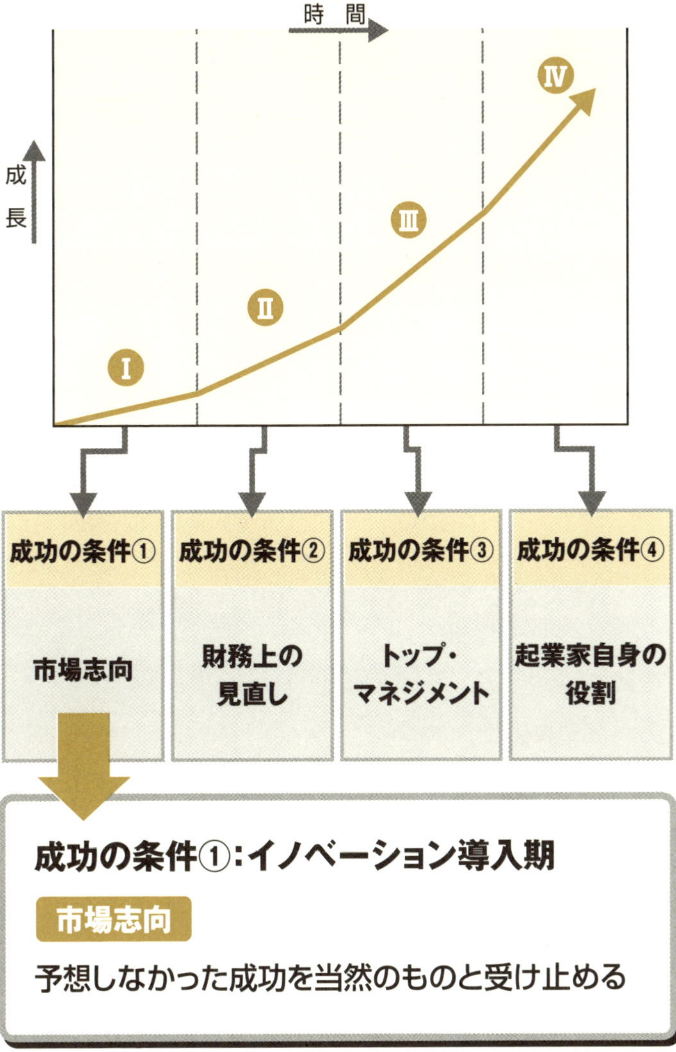

成功の条件①：イノベーション導入期

市場志向

予想しなかった成功を当然のものと受け止める

6-6 成長に応じた戦略の重要性

前節では、ベンチャー企業がイノベーションに成功するための全体像と、第1番目の原則について見ました。引き続き、各段階における残り3つの原則について確認しておきましょう。

1 財務上の見通しをどうするか

イノベーションの導入がなんとか成功し、一息ついたのも束の間、ベンチャー企業に新たな試練が訪れます。財務上の問題です。

ベンチャー企業の多くは、適切な**財務上の見通し**を持たないがために、挫折するケースがよく見られます。この点に関してドラッカーは、「利益よりも現金、資本、管理の方が重要」と言います。つまり、**キャッシュフロー**重視の経営が、この段階では欠かせません。そして、ベンチャー企業のマネジメントたる者、1年先を見て、どのタイミングでどのくらいの資金が入り用で、調達はどうするのかなどを、周到に計画すべきです。

2 トップ・マネジメントの構築と創業者の立場

次の成長段階で問題になるのが、**トップ・マネジメント**の欠如です。トップ・マネジメント機能がないために、さらなる成長軌道に乗るチャンスをふいにすることがあります。これを回避するためにも、早い段階からトップ・マネジメントのチームを構築しておくべきです。

最後に、ベンチャー企業がさらに飛躍しようと思うと、**創業者が自らの役割を考えなければならない**時期がやって来ます。創業者自身が、自分の得意分野をよく考え、企業の成長のためには、場合によっては身を引くことも考えなければならないのです。

one point **財務に関する昔からの格言**

ドラッカーは、昔から言われる言葉として、「債務は思ったよりも2カ月早く決済しなければならず、債権は2カ月遅く決済される」を紹介しています。経営者ならば身をもって感じる言葉でしょう。

one point **ワンマン型トップ・マネジメント**

成長の第3期や第4期では、ワンマン型トップ・マネジメントが、成長の障害となることがあります。成長のためには、左ページに示したように、チーム型トップ・マネジメントの構築や、創業者自身の立場を再定義しなければなりません。

Reference Guide 『イノベーションと起業家精神（下）』79〜99ページ。

ベンチャーがイノベーションに成功するために②

成功の条件②：イノベーション導入後

財務上の見通し

利益よりもキャッシュフロー重視の経営を

成功の条件③：第１次成長期

トップ・マネジメント

早期にトップ・マネジメントのチームを結成

成功の条件④：第2次成長期

起業家自身の役割

起業家自身が企業の成長の障害にならぬよう配慮

↓

ベンチャーが成功し続けるには、
段階ごとの条件をクリアしなければならない

Column コラム 構想の力

ドラッカーは、「推測」と「構想」は別物だと言います[9]。

推測とは、将来を推し量る行為です。例えば、将来どのような事業が流行するのか、いかなる製品が望まれるのか、こうしたことを考えるのが推測です。しかし、単に推測するだけでは何の役にも立ちません。

一方、事業や製品を構想することは、推測とはまったく異なります。**構想**とは、客観的な分析に基づいて、「われわれの事業はこうあるべきだ」「こんな製品が世間に受け入れられるべきだ」という明確な意思を表明することです。

そして、「構想の力」が強いほど、構想実現に向けた活動は勢いを増します。事業戦略に、このような「構想の力」が不可欠なのは言うまでもありません。

「いかなる構想を実現するかを決意し、その構想の上に、今日とは違う事業を築くことは可能である」

ドラッカーは『創造する経営者』の中でこのように語っています。

とはいえ、「客観的」であることには要注意です。思い込みでの構想、実現不可能な構想に、成功はあり得ません。

やはり、構想の基本には、本書で解説した、体系的な事業の分析や、機会の探索という、地道な活動が欠かせないのです。

●推測と構想は別

9 『創造する経営者』262ページ。

第7章

事業戦略の基本タイプと戦略計画

1.ドラッカーと事業戦略

事業の現状分析

2. 利益とコストの分析

- 利益分析
- コスト分析

3. マーケティングと知識の分析

- マーケティング分析
- 知識分析

事業機会の探索

4. 機会に焦点を合わせる

- 機会に焦点を合わせる3つの手法
- 事業機会を発見する

5. イノベーションのための7つの機会

- イノベーションの必要性
- イノベーションのための7つの機会

イノベーション組織と事業戦略

6. イノベーション組織の推進

- イノベーション型組織
- 社会機関、ベンチャーのイノベーション

7. 事業戦略の基本タイプと戦略計画

- 専門化、多角化、統合
- 4つのイノベーション戦略
- 戦略計画の策定

7-1 専門化戦略と多角化戦略

事業戦略には、代表的なタイプがあります。専門化戦略や多角化戦略、統合戦略、価値創造戦略などがそれです。本章では、こうした代表的な戦略タイプの特徴について検討します。

1 専門化戦略と多角化戦略

専門化は、企業の得意分野に資源を集中する戦略です。一方、**多角化**は、異なる複数の分野で事業を展開することを指します。

専門化により企業は中核となるものを持てます。また、多角化することで、専門化した中核から、より多くの成果を得られます。このように、企業は専門化すると同時に多角化も必要になるわけです。そして、絶妙のバランス上で、専門化と多角化をマネジメントしていかなければなりません。そして、このバランスが、事業の範囲を決定するのです。

2 専門化と多角化の関係

専門化と多角化を遂行するには、次のような展開パターンが考えられます。

・**専門市場で技術を多角化する**

・**専門技術で市場を多角化する**

いずれのケースにおいても、専門化と多角化の間には、何らかの関係があることに注目してください。関係のない専門化と多角化は、生産的になり得ません。

なお、専門化と多角化の手段として、**統合戦略**がよく用いられます。この点については、引き続き次節で解説しましょう。

one point **多角化とイノベーション**

多角化とイノベーションを同時に実行するのは危険です。イノベーションは市場、技術共に、得意分野で行うものです。

Reference Guide 『創造する経営者』296～300ページ。

専門化と多角化

専門化
――企業の中核となるものを持つ――

多角化
――中核からより多くの成果を得る

専門化と多角化のバランスが企業の事業範囲を決める

多角化の基本パターン

- 専門市場で技術を多角化する
- 専門技術で市場を多角化する

専門化と多角化には何らかの関係が不可欠

7-2 統合戦略

統合戦略とは、異なる経済活動を1つの企業に統合することをいいます。統合戦略には、大きく川上統合と川下統合の2種類があります。また、それぞれ合併や買収といった手段を用いて統合を推進します。

1 専門化・多角化と統合戦略

異なる経済活動を1つの企業の中に統合することを**統合戦略**と呼びます。そして、経済活動の上流部分を統合することを**川上統合**といい、「市場➡生産➡原材料」の方向に事業を統合します。よって、一般的に、川上統合は専門化を意味することになります。

一方、経済活動の下流部分を統合するのが**川下統合**です。こちらでは、「原材料➡生産➡市場」へと事業を統合します。したがって、この場合は多角化を意味するケースが多くなります。

2 買収と合併、そして売却

専門化、多角化、統合化には、それぞれ自力で実行する方法と買収や合併に頼る方法があります。**買収**や**合併**による方法は、ある意味、専門的な知識をお金で買う行為でもあります。知識を短時間で身に付けるには、有効な選択肢の1つといえるでしょう。

しかし、買収や合併が、必ずしもうまくいくとは限りません。特にドラッカーは「自ら事業をマネジメントせずに、財務的な操作だけに頼るならば、必ず失敗する」と明言しています。

また、**売却**も専門化のための1手段です。中核事業から外れたものなどが、売却の対象に該当します。また、マネジメントで対応できないほど大きくなった事業も、売却が好ましいとれさます。

Reference Guide 『創造する経営者』300〜302ページ。

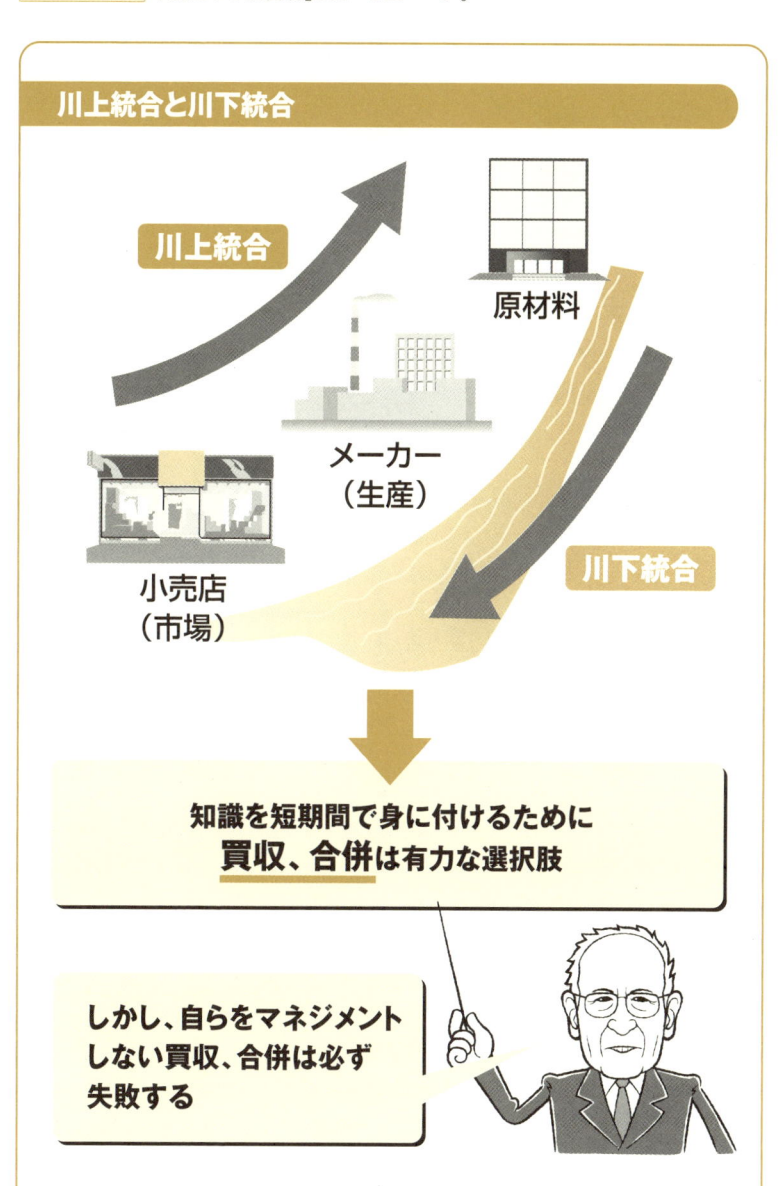

川上統合と川下統合

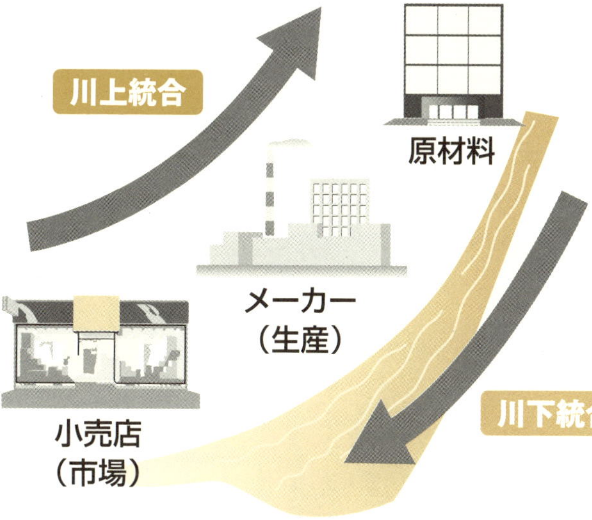

知識を短期間で身に付けるために
買収、合併は有力な選択肢

7-3 総力による攻撃戦略

以下に示す4つの戦略は、イノベーション実現のための基本戦略タイプです。とはいえ、イノベーションのみならず、一般的な事業にも適用可能なものばかりなので、ぜひ、理解しておきたいものです。

1 イノベーションを成功させる4つの戦略

ドラッカーは、イノベーションを成功させるための戦略として4つのタイプを掲げています。①**総力による攻撃戦略**、②**弱みへの攻撃戦略**、③**ニッチの占拠戦略**、④**価値創造戦略**がそれです。

ここでは、まず、総力による攻撃戦略について解説します。

2 リスクは大きいが、得るものも大きい

総力による攻撃戦略は、新たに出来上がる市場や産業で、トップ企業としての位置を目指す戦略です。企業が持つすべての力を注いで、市場で支配的な立場を占めるための行動をとります。

総力による攻撃戦略はリスクも大きい反面、成功すると大きな成果を得られます。成功のためには、まず、5-3節で見た**イノベーションの7つの機会**を活用します。そして、明確な目標を設定し、それに対してあらゆる経営資源を注ぎます。

また、イノベーションが成功に終わっても手綱は緩められません。継続して資金を投入すると共に、イノベーションも次々と実行して、市場トップの座を死守します。中でも、自ら生んだものを自ら陳腐化させる**体系的廃棄**（6-1節参照）が必要になります。体系的廃棄で、自ら変化に立ち向かう企業姿勢が、市場トップの地位を維持するために欠かせないからです。

Reference Guide 『イノベーションと起業家精神（下）』102〜117ページ。

イノベーションを成功させる4つの戦略

イノベーションを成功させるために

1 総力による攻撃戦略

2 弱みへの攻撃戦略

3 ニッチの占拠戦略

4 価値創造戦略

総力による攻撃戦略

市場や業界内でのトップを目指す

- イノベーションの7つの機会を用いて
- 業界トップを目指す
- そのためにあらゆる経営資源を投入
- リスクは大きいが、大きな見返りが期待できる

いずれの戦略も
イノベーション以外
にも活用できる

7-4 弱みへの攻撃戦略

弱みへの攻撃戦略は、敵の弱みを集中的に突く戦略です。この戦略には「創造的模倣戦略」と「起業家的柔道戦略」の2種類があります。これらは市場でリーダー的な立場にある企業を対象にして行われます。

1 創造的模倣戦略

創造的模倣戦略とは、先人のイノベーションに付加価値を付けて模倣します。基本は模倣ですが、付加価値部分の創造性で、先行するイノベーションを凌駕し、市場に食い込む戦略です。

創造的模倣戦略は、前節で見た「総力による攻撃戦略」よりもリスクが小さいという特徴があります。この戦略では、市場に目を向け、新たに起こったイノベーションに対して、顧客がさらにどのようなニーズを持っているのか、この点を明らかにすることが、成功のポイントになります。もっとも、意味のない差別化を創造的模倣と誤解して失敗するケースがあるので要注意です。

2 起業家的柔道戦略

起業家的柔道戦略は、リーダー的な立場にある企業のスキや油断をつく戦略です。リーダー企業は、自社が定義するメイン製品や技術、顧客以外を軽く見る傾向にあります。ここに油断やスキが生まれます。こうしたスキに入り込み、市場を確保し、やがてリーダー企業をなぎ倒すのが起業家的柔道戦略です。

小型車など見向きもしなかった米自動車メーカーにあって、日本の自動車メーカーが米国市場で成功したのは、起業家的柔道戦略の典型といえるでしょう。

Reference Guide 『イノベーションと起業家精神（下）』118～138ページ。

弱みへの攻撃戦略

● イノベーションを成功させる4つの戦略――その②

弱みへの攻撃戦略
――敵の弱みを突く――

1 創造的戦略

- 先発イノベーションを模倣
- 創造性を付加して市場に食い込む

2 起業家的柔道戦略

- 先発企業が無視している市場に入り込む
- そこを拠点に先発企業をなぎ倒す

7-5 ニッチの占拠戦略

ニッチの占拠戦略では、業界のトップを目指すのではなく、市場を細分化して、その中から自社の特長や能力に見合った個所、すなわちニッチを占拠する戦略です。

1 ニッチの占拠戦略の3つのタイプ

ニッチの占拠戦略には、3つのタイプがあります。①関所戦略、②専門技術戦略、③専門市場戦略がそれです。

①**関所戦略**は、あるプロセスにおいて不可欠な位置を占めることを指します。このプロセスを通らないと、製品やサービスが成り立たないため、関所戦略と呼ばれます。

この戦略は、いったん関所を占めてしまうと、それより大きな成長が期待できません。また、より効果的な別の方法が発見されると、即座に陳腐化するという危険性もあります。

②**専門技術戦略**は、専門的な技術の特異性で他の追随を許さない戦略です。この戦略では、新しい市場が誕生したときに、自社の持つ専門技術が活かせる分野がないかを体系的に探索します。

この戦略で成功するには、専門的かつ独自技術であることが条件になります。そして、ニッチを占めたら、他の追随を許さぬよう、継続して技術向上を目指すことが鉄則です。

③**専門市場戦略**は、市場に対する専門知識を活用してニッチを占める戦略です。例えば、中国市場に精通した企業が、進出企業を指導するなどは、このケースに該当します。

ただし、自ら専門とする市場が一般化したとき、その優位性は奪われることになるので要注意です。

one point **花瓶の置き場がニッチ**

ニッチとは、もともと廊下の隅や角などにある花瓶の置き場のことを意味します。これが転じて、市場の隙間を指すようになりました。

Reference Guide 『イノベーションと起業家精神（下）』139〜156ページ。

ニッチの占拠戦略

●イノベーションを成功させる4つの戦略——その③

ニッチの占拠戦略
——スキ間市場を狙う——

1 **関所戦略**
- あるプロセスにおいて不可欠な市場を占拠する

2 **専門技術戦略**
- なくてはならない専門技術を押さえる

3 **専門市場戦略**
- 市場に対する専門知識を活用する

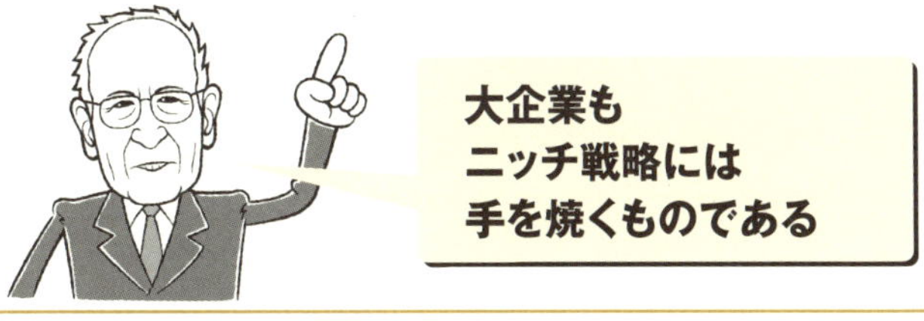
大企業も
ニッチ戦略には
手を焼くものである

7-6 価値創造戦略

価値創造戦略は、イノベーションを利用するのではなく、それ自体が戦略になります。したがって本来は、イノベーション戦略と言い換えてもよいものです。

1 4つの価値創造戦略

価値創造戦略には4つのタイプがあります。①効用戦略、②価格戦略、③顧客戦略、④価値戦略がそれです。

①効用戦略は、顧客が真に欲するものを提供することでイノベーションを起こす戦略です。5-1節で、極寒地に住む人に冷蔵庫を販売する例を挙げましたが、これも効用戦略の1つといえます。

②価格戦略は、価格設定に工夫を凝らしてイノベーションを起こす戦略です。ドラッカーは、「ジレットのひげそり」を例に価格戦略を語っています。これは現在では消耗品戦略と呼ばれているものです。また他にも、バンドル戦略や製品ミックスによる価格戦略など、様々な手法が考案されています。

2 顧客に目を向けたイノベーション

③顧客戦略は、顧客が抱える問題点を機会に変えてイノベーションを実現する戦略です。これには、一括払いでは買えない農家に、分割払いによる販売で成功した農機具の例や、いかなる理由でも返品OKをポリシーに成功した通信販売の例などがあります。

最後の④価値戦略は、顧客に価値を提供するという視点から製品やサービスを定義する戦略です。これは顧客が真に価値があると思うものは何かを問うことにほかなりません。

one point **新製品導入時の価格戦略**

新製品を市場に導入する際の価格戦略としては、**上澄み価格設定**と**浸透価格設定**という、相反する手法があります。前者は、初期価格を高めに設定、後者ではその逆の手法をとります。

Reference Guide 『イノベーションと起業家精神（下）』157～172ページ。

価値創造戦略

● イノベーションを成功させる4つの戦略——その④

価値創造戦略
——イノベーション自体が戦略——

1 効用戦略
- 顧客が真に欲するものを提供する

2 価格戦略
- 価格設定に工夫を凝らす

3 顧客戦略
- 顧客の問題を機会に変える

4 価値戦略
- 顧客価値から製品やサービスを問う

これらイノベーションを成功させる4つの戦略は組み合わせて使うこともできる。

7-7 戦略計画への落とし込み

戦略計画とは「リスクを伴う意思決定を行い、実行に必要な活動を組織し、活動の成果を期待値と比較するという連続したプロセスのこと」です。行動を伴わない戦略は絵に描いた餅に過ぎません。

1 事業戦略から事業計画へ

本書では、ドラッカーが考える事業戦略について見てきました。これらは、単に描かれるだけでは何も生み出しません。実際の行動が不可欠です。そのためには、次の活動が欠かせません。

① **目標達成のための仕事を明らかにする**

② **特定の人物に仕事を割り当てる**

③ **その際に責任を明らかにする**

つまり、「目標達成のための責任を伴った、特定の具体的な仕事の割り当て」を行うのです。この役割を果たすのが**戦略計画**です。

2 何をいつ始めるのか

戦略計画では、事業の各目標分野において、目標達成のために何をいつ始めなければならないかも明示します。加えて、個々の仕事にまで具現化した「すべきこと」に対して、資源（ヒト、モノ、カネ）を割り当てます。資源の割り当てが適切に行われていない計画は、単に希望が述べられているものに過ぎません。

また、計画には、測定とフィードバックができる仕組みを埋め込むことも重要です。これは、期待値と実績を比較し、結果を実行に反映させる仕組みです。これにより、期待値が実現されているか、早期に知ることができます。

Reference Guide 『マネジメント（上）』197～212ページ。

戦略を計画に落とし込む

策定した事業戦略

↓

戦略計画へ落とし込み

仕事　人　責任　資源　期間

↓

戦略計画の特徴

①策略や技法の集まりではない。資源を行為に割り当てたもの。

②予測ではない。戦略計画が予測ではないことを充分に理解する。

③将来において下す決定を扱うものではない。「現在において下す決定の将来性を扱うものである」。

④リスクをなくすものではない。リスクをとる行為である。

7-8 戦略がうまくいかないとき

策定した戦略がすべてうまくいくわけではありません。当然、失敗に終わる戦略もあります。これに対してドラッカーは、3度試みて失敗したら別のことを行えと指摘しています。

1 戦略はなくてはならない

戦略は、豊かな明日を構築するために、今日実行することは何かを考えることです。企業が、未来において継続して活躍するためには、なくてはならない機能です。

戦略なくして、企業が成果を上げるのは困難です。一方、企業に成果を上げさせるのがマネジメントの役割でした。したがって、戦略を策定する機能は、マネジメントになくてはなりません。

2 ドラッカーの言葉を肝に銘じて

しかしながら、企業が策定する戦略のすべてが、首尾よく機能するわけではありません。当然中には、失敗に終わる戦略もあります。立案する戦略が百発百中ならば、誰も苦労はしないでしょう。

ドラッカーは、戦略がうまくいかないときは、なぜうまくいかなかったのかよく考え、改善し、もう一度試みよと言います。

そして、それでもうまくいかない場合、「さらにもう一度試みてください。しかし、（それでも駄目なら）その後は別のことをしてください[10]」とアドバイスしています。この言葉を真摯に受け止めて、私たちとしては、より良い戦略を練るよう努めなければなりません。

10 『ドラッカー365の金言』341ページ。

one point 例外もあるにはあるが……

成果が出るまで石にでもかじりついてやり通す道もあります。しかし、ドラッカーは成功は稀だと指摘しつつ、多くの場合、「荒野にしがみつく人は屍しか残さない」と言います。

戦略がうまくいかないとき

戦略がうまくいかない……

●参考文献

『マネジメント――課題・責任・実践（上）（下）』　ピーター・F・ドラッカー著
上田惇生訳　1974年　ダイヤモンド社刊

『ポスト資本主義社会』　ピーター・F・ドラッカー著
上田惇生訳　1993年　ダイヤモンド社刊

『（新訳）創造する経営者』　ピーター・F・ドラッカー著
上田惇生訳　1995年　ダイヤモンド社刊

『（新訳）現代の経営（上）（下）』　ピーター・F・ドラッカー著
上田惇生訳　1996年　ダイヤモンド社刊

『（新訳）イノベーションと起業家精神（上）（下）』　ピーター・F・ドラッカー著
上田惇生訳　1997年　ダイヤモンド社刊

『P・F・ドラッカー経営論集』　ピーター・F・ドラッカー著
上田惇生訳　1998年　ダイヤモンド社刊

『明日を支配するもの』　ピーター・F・ドラッカー著
上田惇生訳　1999年　ダイヤモンド社刊

『チェンジ・リーダーの条件』　ピーター・F・ドラッカー著
上田惇生訳　2000年　ダイヤモンド社刊

『プロフェッショナルの条件』　ピーター・F・ドラッカー著
上田惇生訳　2000年　ダイヤモンド社刊

『ドラッカー20世紀を生きて』　ピーター・F・ドラッカー著
牧野洋訳　2005年　日本経済新聞社刊

『ドラッカー365の金言』　ピーター・F・ドラッカー著
上田惇生訳　2005年　ダイヤモンド社刊

索引

あ行

新しい知識の出現……77,92
アンバランス……64,66
イノベーション……16,20,72
『イノベーションと起業家精神』……12,16
イノベーションのタブー……101
イノベーションの評価……98
イノベーションの3つの種類……74
イノベーションの7つの機会……74,76
イノベーション型組織……96
イノベーション推進組織……100
イノベーション戦略……120
インターネット……68,94
上澄み価格設定……121
エイベル……54

か行

カイゼン活動……74
価格戦略……120
価値観ギャップ……82
価値戦略……120
価値創造戦略……114,120
活版印刷……94
合併……112
川上統合……112
川下統合……112
監視的コスト……38
管理のイノベーション……74
機会……56,60,64,76
機会の最大限の開拓……34,38
機会志向……70
企業の3つの仕事……22,73
起業家的柔道戦略……116
技術……49
キャッシュフロー……106
ギャップ（の存在）……76,82
脅威……64,68
強制選択……62
業績をもたらす3つの領域……24,34
業績ギャップ……82
グーテンベルク……94
クリック＆モルタル……68
計画的廃棄……96
経済価値……43,48
コア·コンピタンス……54
構想……108
公的社会機関……102
効用戦略……120
顧客……44
顧客の創造……8,20
顧客戦略……120
コスト……38
コストの分類……38
コスト管理……34
コストセンター……36
コスト分析……36
コストポイント……36

さ行

財務に関する昔からの格言……107
作業量……28
サプライチェーン……34
産業構造の変化……77,86
事業……43,48,53
事業機会……64
事業戦略……10,52
事業戦略の策定……10,52
事業ドメイン……54
資源配分分析……26,33
自社の弱み……64
市場……24,44,48,60
市場シェア……30
社会のイノベーション……74
情報革命……94
消耗品戦略……120
人口の重心移動……89
人口構造の変化……77,88
人材の配置……62
浸透価格設定……121
推測……108
すでに起こった未来……76,78,88
生産的コスト……38
製品……24,26
製品のイノベーション……74
製品分類……32
製品分類分析……26

製品別売上総利益 ……28
製品別純利益 ……28
製品別純利益寄与係数 ……28
製品別配分コスト ……28
製品リーダーシップ ……30
製品リーダーシップ分析 ……30
関所戦略 ……118
戦術 ……11
専門化 ……110
専門技術戦略 ……118
専門市場戦略 ……118
戦略 ……11,124
戦略計画 ……122
総売上総利益 ……28
総売上高 ……28
総合評価 ……98
総コスト ……28
『創造する経営者』 ……12,14
創造的模倣戦略 ……116
増分分析 ……32
総力による攻撃戦略 ……114

た行

体系的廃棄 ……96,114
多角化 ……110
卓越性 ……48
知識 ……48
知識のイノベーション ……92
知識上のニーズ ……84
知識分析 ……50
定期点検 ……98
統合戦略 ……110,112
トップ・マネジメント ……106
ドメイン ……54

な行

ニーズ ……77,84
ニッチ ……119
ニッチの占拠戦略 ……114,118
認識の変化 ……77,90
認識ギャップ ……82
年齢構成 ……89

は行

買収 ……112
パレート ……40
パレートの法則 ……40
フィードバック ……98
ブリック&モルタル ……68
プロセス・ギャップ ……82
プロセス上のニーズ ……84
ベンチャー企業 ……104,106
補助的コスト ……38

ま・や・ら行

マーケティング ……16,20
マーケティング分析 ……42,45
マネジメント ……8
『マネジメント――課題・責任・実践』 ……12,20
無為のコスト ……38
目標管理 ……59
用途 ……44
予期せざるもの ……46
予期せぬ外部の変化 ……80
予期せぬこと（の生起） ……76,80
予期せぬ失敗 ……80
予期せぬ成功 ……80,104
弱みへの攻撃戦略 ……114,116
リーダーシップ分析 ……26
リードタイム ……88
利益貢献（寄与）分析 ……26
リスク志向 ……70
理想の企業 ……56,58
流通チャネル ……24,60
類型変化 ……32
レビット ……54
労働力上のニーズ ……84
浪費的コスト ……38
ワンマン型トップ・マネジメント ……107

英数字

eコマース ……68
4度目の情報革命 ……94
11種類の製品カテゴリー ……33